Helmut Hallier

Mach langsam,
wenn es schnell gehen soll

HERDER spektrum

Band 5306

Das Buch

Wer im Zeitalter der Globalisierung mithalten will, der muss vor allem eines sein: flink. Zeit hat im Konkurrenzkampf inzwischen eine ebenso große Bedeutung gewonnen wie Kapital, Produktivität, Qualität oder sogar Innovation. Doch nicht nur die Wirtschaft, sondern weite Teile der Gesellschaft sind von ständiger Beschleunigung bestimmt. Die Folgen: Hektik, Zeitdruck, Spannungszustände, die dem Menschen seelisch und körperlich zusetzen.

In diesen Zeiten der Hochgeschwindigkeit brauchen wir die Kunst des Verlangsamens nötiger denn je. Statt auch noch die letzten, winzigen Lücken im vollgepackten Terminkalender im Namen eines vermeintlich effizienten Zeitmanagements mit zusätzlichen Aktivitäten zu füllen, statt sich dem Zwang, immer öfter und immer schneller zu reagieren, widerstandslos zu unterwerfen, heißt die Devise des Autors: langsam machen, wenn es schnell gehen soll. Weil sich Entscheidungen, beruflich und privat, Arbeitsabläufe und Lebensrhythmen nicht endlos beschleunigen lassen; weil insbesondere Kreativität zu ihrer Entfaltung der Muße, des genussvollen Nichtstuns bedarf; und nicht zuletzt deshalb, weil Verlangsamung, der Ausstieg aus Hektik und Zeitdruck, erst harmonisches Zusammensein, Freundschaft und Vertrauen ermöglicht.

Anhand zahlreicher Beispiele und Übungen und mit Hinweisen auf historische und kulturelle Bedingtheiten des Phänomens Zeit gibt der Autor vielfältige Anregungen für einen kreativen Umgang mit der zunehmenden Beschleunigung in allen Lebensbereichen. Sinnvoll mit dieser Beschleunigung umzugehen, den richtigen Rhythmus und das persönliche Tempo zu finden und dabei immer wieder zur eigenen Lebensmitte zu finden – dazu lädt dieses Buch ein. Eine Anleitung zur Kunst des Verlangsamens.

Der Autor

Helmut Hallier, Jahrgang 1949, studierte Ethnologie, Philosophie und Wirtschaftswissenschaften, 1977 Promotion zum Dr. phil., 1980-85 Mitarbeiter des Welternährungsprogramms der Vereinten Nationen in Rom und Afrika, seit 1990 Managementtrainer, Coach und Berater mit eigenem Institut in Berlin. Zu seinen Kunden zählten in den vergangenen Jahren u. a. Lufthansa, BMW, WestLB, VW Coaching.

Helmut Hallier

Mach langsam, wenn es schnell gehen soll

Zeit gewinnen für das Wesentliche

HERDER

FREIBURG · BASEL · WIEN

Gedruckt auf umweltfreundlichem,
chlorfrei gebleichtem Papier

Originalausgabe

2. Auflage

Alle Rechte vorbehalten – Printed in Germany
© Verlag Herder Freiburg im Breisgau 2002
www.herder.de
Satz: Rudolf Kempf, Emmendingen
Herstellung: fgb · freiburger graphische betriebe 2004
www.fgb.de
Umschlaggestaltung und Konzeption:
R·M·E München / Roland Eschlbeck, Liana Tuchel
Umschlagmotiv: © Corbit Stockmarket
ISBN 3-451-05306-3

Inhalt

Einleitung

Geht's noch ein bisschen schneller?
Die liebe Not mit der Zeit

„Ich habe keine Zeit", „Ich bin gerade in Eile" – solche Äußerungen gehören heute fast schon zum guten Ton. Nur keine Zeit verlieren, denn Zeit ist kostbar. Eilig haben es in unseren Breitengraden fast alle. Man kann über die Zeitnot klagen, doch oft liegt in der Klage bereits ein wenig Koketterie – denn wer keine Zeit hat, fühlt sich wichtig. Es gilt darüber hinaus als Zeichen von Produktivität, in Eile zu sein. Jemand, der viele Aktivitäten in seinen Arbeitstag packt, ist produktiv, fleißig und genießt hohe Wertschätzung. Es gibt genügend Führungskräfte, die es sich nicht zugestehen, „pünktlich", d. h. zum normalen Büroschluss, ihren Arbeitsplatz zu verlassen, um nach Hause zu gehen. Sie fürchten, dass dies bei Kollegen, Mitarbeitern und Vorgesetzten den Eindruck hinterlassen könnte, sie seien faul oder doch zumindest wenig engagiert. Man stelle sich einen Kollegen vor, der immer Zeit hat, sich nicht schnellen Schrittes, sondern ruhig und gemächlich über den Korridor bewegt, entspannt und zufrieden in die Welt schaut, vielleicht sogar pünktlich das Büro verlässt. Ist er nicht höchst verdächtig?! Ist er nicht ein Faulenzer? Einer der auf unsere Kosten (uns, die wir nie Zeit haben!) lebt? Auf jeden Fall ist er ein Provokateur.

Immer mehr Menschen fühlen sich in den letzten Jahren unter Zeitdruck. Wer heutzutage mithalten will, muss flink sein: Produktzyklen, Produktionszeiten, Auftragsbearbeitung und Lieferzeiten werden in immer schnelleren Rhythmen verkürzt. Diese Entwicklung hat ihren Preis. Wer als Berufstätiger bei der Beschleunigung nicht mithalten kann oder mag, sieht sich unter Umständen sogar in den Vorruhestand versetzt. Die Verdichtung des Arbeitstages und der Zwang, immer öfter und immer schneller reagieren zu müssen, führen, wie eine Studie bei Daimler Benz belegt, u. a. zu gesteigerten Spannungszuständen, Realitätsverlust, selbst auferlegtem Zeitdruck und der Unfähigkeit, mit der Arbeit aufzuhören.[1]

So beschreibt ein Bereichsleiter in einem deutschen Konzern seine Situation als Erschöpfungszustand: Die Wochenenden seien von der Arbeit belastet. Er selbst sei unfähig, in der Freizeit abzuschalten. Sein Arbeitstag beginne morgens zwischen acht und neun Uhr. Vor 20 Uhr verlasse er abends selten sein Büro, oft werde es auch später. Die ersten Telefonate fänden morgens im Auto auf dem Weg zur Arbeit statt, die letzten bei der Heimfahrt am Abend. Der Arbeitstag bestehe überwiegend aus einer dichten Folge von Meetings, Gesprächen und Telefonaten. Abends nach 17 Uhr, wenn es im Büro etwas ruhiger werde, wende er sich Aufgaben zu, die ungestörte Konzentration erforderten. Im Gespräch erwähnt er, dass mehrere Kollegen in den letzten Monaten plötzlich erkrankt oder gestorben seien. „Die Einschläge kommen immer näher", meint er halb ironisch, halb ernst.

Effektives „Zeitmanagement" heißt seit vielen Jahren die klassische Antwort auf die Zeitnöte von Managern und anderen vom Stress geplagten Zeitgenossen. In den entsprechenden Seminarankündigungen werden u. a. eine Optimierung des persönlichen Arbeitsstils, Zeitgewinn und Erfolg im verschärften Wettbewerb versprochen. Sicher ist es nützlich und hilfreich, seine Zeit gut zu planen und sich dabei immer wieder die Frage zu stellen, was wichtig und was unwichtig ist, um auf diese Weise die Arbeitsergebnisse zu optimieren. In betrieblichen Weiterbildungen etwa begegnet man zunehmend Mitarbeitern, die in ihrem Arbeitsalltag bereits sehr viel sehr schnell tun und nun lernen wollen, wie sie noch mehr noch schneller tun können, weil sie sich der Geschwindigkeit und Komplexität der auf sie einstürmenden Aufgaben nicht mehr ausreichend gewachsen fühlen. Gemeinsam ist diesen Mitarbeitern ein Arbeitsalltag, in dem sie von äußeren Ereignissen und Anforderungen getrieben werden, wie etwa der Ingenieur P. M., der in einem deutschen Maschinenbauunternehmen arbeitet, das

Weltmarktführer auf seinem Gebiet ist. Er ist für den Bau neuer elektronischer Schaltungen zuständig. Noch vor wenigen Jahren hatte er für den Bau eines neuen Prototypen drei Wochen Zeit. Nach dem Zukauf eines amerikanischen Unternehmens wird die zeitliche Grenze auf drei Tage heruntergeschraubt.

Doch nicht nur der Zyklus der Produkte, auch der Rhythmus der internen Umstrukturierungen hat sich beschleunigt. Es ist immer höchst aufschlussreich, Mitarbeiter großer Firmen und neuerdings auch staatlicher oder gemeinnütziger Organisationen zu fragen: „Wie oft wurde bei Ihnen in den vergangenen Jahren umstrukturiert?" In neun von zehn Fällen wurde mehrmals umstrukturiert, gleichzeitig nehmen die Zwischenzeiten von einer zur nächsten Veränderung ab, oft ist die letzte Veränderung noch nicht verdaut, da wird bereits über die nächste nachgedacht.

In der Regel gehen betriebliche Veränderungen mit zusätzlichen Aufgaben für die einzelnen Mitarbeiter einher. Die lebendige Arbeitskraft ist Kostenfaktor Nummer eins, und ein weltweiter Konkurrenzkampf erzwingt Kostenreduktionen immer aufs Neue. In den öffentlichen Einrichtungen und Verwaltungen erzwingen leere Kassen dasselbe.

Die Pressereferentin im Kulturbereich einer deutschen Großstadt etwa beschreibt die veränderte Arbeitssituation so, dass die Zahl der Ausstellungen, Veranstaltungen und kulturellen Events im Lauf der Jahre kontinuierlich zugenommen habe. Auch hier wird die Halbwertzeit immer kürzer. Im Wettbewerb um öffentliche Aufmerksamkeit, Besucher und Touristen jagt ein Ereignis das nächste. Jede Veranstaltung erfordert die Produktion von Plakaten, Pressematerialien und die Organisation einer Pressekonferenz. Der Zeitplan des verantwortlichen Teams wird immer enger und die Arbeitsbelastung steigt, ohne dass zusätzliche Mitarbeiter eingestellt werden.

Auch die Freizeit wird immer hektischer

Das neue Tempo beschränkt sich nicht ausschließlich auf die Arbeitssituation großer Betriebe, sondern hat in den westlichen Industrieländern den gesamten Lebensrhythmus von immer mehr Menschen erfasst. Nicht zuletzt gilt dies für Freizeit und Privatleben, die sich in ihrer Verdichtung immer mehr der Hektik eines ganz normalen Arbeitstages angleichen. Die Automatisierung des Haushaltes hat kein Eldorado für Müßiggänger geschaffen, im Gegenteil: Heute läuft, kocht, backt und brummt alles gleichzeitig. Die Wäsche, das Radio, der Fernseher, das Bügeleisen und die Mikrowelle. Die Kinder gehen nicht nur zur Schule oder in den Kindergarten, sondern besuchen zusätzlich Musikstunden, Reitstunden, Spielgruppen, Sportvereine. Und weil diese Veranstaltungen meistens nicht gerade in der Nachbarschaft stattfinden, müssen die Kinder von den Eltern gebracht und abgeholt werden. So werden sie gleich an das Leben nach einem straff durchorganisierten Zeitplan gewöhnt.

Von klein auf erleben Kinder Mütter, die beim Einkaufen den Kinderwagen schieben und gleichzeitig mit dem Handy telefonieren, Kindergärtnerinnen, die während des Gruppenspiels durch das Handy unterbrochen werden – schon dem Kleinkind wird eine Haltung vorgelebt, die geprägt davon ist, immer „auf dem Sprung" zu sein und sich auf nichts und niemanden mit Ruhe und ungeteilter Aufmerksamkeit einzulassen. Zunehmende Nervosität und Konzentrationsstörungen bei Schulkindern werden von den Lehrern beklagt, die Krankenkassen bieten Entspannungskurse für Kinder an – ein Termin mehr, der in den bereits durchstrukturierten Nachmittag eingeplant sein will. Und es kann vorkommen, dass für Kinder ein Tagesablauf, bei dem eine Aufgabe der nächsten, ein Termin dem anderen auf dem Fuße folgt, bereits soweit zum Normalzustand geworden ist, dass sie mit ungeplanten Zeiträumen erst einmal gar nichts mehr anfangen können. Ihre Eltern bekommen dann zu hören: „Papa, was soll ich tun, mir ist langweilig."

Gut erinnere ich mich in diesem Zusammenhang an einen Familienurlaub auf einer Mittelmeerinsel. Das Häuschen am Strand war ohne Fernsehen, die Animationsangebote großer Ferienanlagen fehlten. Nach einem Tag hatten meine beiden Kinder, damals im Grundschulalter, die mitgebrachten Bücher ausgelesen. Es folgten zwei Tage Klagen darüber, wie langweilig es hier (in der Hütte am Strand) doch sei. Dann erst konnten sie beginnen, den Freiraum zu genießen. Die folgenden zehn Tage waren vermutlich der kreativste Urlaub, den sie je verbracht haben. Aus Steinen und Strandgut wurden ganze Städte und Landschaften erbaut, Geschichten dazu erfunden. Ihre natürliche Phantasie hatte sich, befreit von äußeren Programmen, ihren Weg geebnet.

Auch die Erwachsenen sind es gewohnt, ihre „freie" Zeit zu organisieren. Der Wert eines Urlaubes wird daran gemessen, wie viele besondere Ereignisse, spektakuläre Besichtigungen darin eingebaut werden konnten. Je nach persönlichem Geschmack können das „Outdoor"-Abenteuer sein, z. B. Wildwasserfahrten oder Gleitschirmfliegen, oder kulturelle Höhepunkte, aufwändige Essen, besondere Hotels. Noch das Rösten in der Sonne wird zur uhrgesteuerten Pflichtübung. Ungewohnt ist es in einer von Ereignissen und Terminen beherrschten Kultur, bewusst „nichts" zu tun und damit einen Raum zu eröffnen, der Spontaneität und Kreativität erst ermöglicht.

Die normale Freizeit, die doch Ausgleich schaffen sollte zu dem Stress und der Zeitnot eines Arbeitstages, scheint dem allgegenwärtigen Geschwindigkeitsrausch zum Opfer gefallen zu sein: Haushalt, Friseur, Volkshochschulkurs, Vereinsabend, abendlicher Konzert- und Kinobesuch – wenn sich dann zusätzlich noch Freunde oder Verwandte melden, muss erst einmal der Terminplan gezückt werden, ob da in nächster Zeit noch ein Abend frei ist. Bei soviel Zeitnot ist ein Yogakurs oder autogenes Training natürlich dringend erforderlich, um neue Kraft zu schöpfen – es fragt sich nur: Wann ist dafür noch Zeit?

Es scheint, als würden die Zeiteinheiten, nach denen der ganz normale Alltag eingeteilt wird, immer kleiner. Plante man vor einiger Zeit z. B. noch, dass man irgendwann im Laufe des

Nachmittags einkaufen gehen würde, so überlegt man heute, zwischen den Beginn der Musikstunde der Tochter und dem Termin in der Sparkasse 45 Minuten Supermarkt „einzuschieben". Die Zeit und die Termine legen sich wie ein immer dichteres Netz über den Tag, die Einhaltung der Termine und Verpflichtungen zwingt zur Eile, zumal unvorhergesehene Verzögerungen, die unausweichlich sind, die ganze Planung gefährden. Das Denken und Planen in immer kürzeren Zeiteinheiten erhöht die subjektive Empfindung von der Geschwindigkeit der Zeit und den Zeitdruck, der auf jedem Einzelnen lastet.

Gibt es Alternativen?

In unserem Lebensumfeld wird tendenziell alles immer schneller. Trotzdem bietet das Leben immer wieder Gelegenheiten, unsere Zeitgewohnheiten aus einer gewissen Distanz heraus kritisch zu hinterfragen. Um neue Lösungen zu finden, ist es manchmal hilfreich, aus der Routine auszubrechen, etwas anderes zu unternehmen und so eine frische Perspektive auf den Alltag zu gewinnen.

Eine Urlaubsreise führte mich 1997 nach Nepal und Indien. Wie so oft war ich bis kurz vor der Abeise beruflich stark eingespannt, viele Termine und Zeitnot bestimmten den beruflichen und privaten Alltag. Erst als ich zusammen mit meiner Frau im Flugzeug saß, begann ich mich auf den Urlaub einzustellen und mich auf die vor mir liegenden Abenteuer zu freuen. Dabei dachte ich an die geplante Bergwanderung, an landschaftliche und kulturelle Eindrücke. Auf das Zeitabenteuer, das mich erwartete, war ich weniger gefasst.

Noch im Rhythmus des Westens befangen, stachen mir von Anfang an Menschen ins Auge, die „nichts" taten. Ob ich durch den Bazar einer Stadt ging oder auf einer Wanderung durch Dörfer kam, überall traf ich auf Menschen, die einfach nur da saßen und mit nichts Erkennbarem beschäftigt waren. Vielleicht warteten sie auf irgendetwas. Daran ist noch nichts Bemerkenswertes. Geradezu provozierend wirkte die Ruhe und – so möchte man es nennen – die Schönheit, in der sie ihr Nichts-tun ausübten. Warten müssen Europäer auch, aber sofort füllen sie die Pausen mit Lesen, Schreiben oder Telefongesprächen. Und wenn sie dazu keine Gelegenheit haben, signalisieren Kör-persprache und Mimik sehr deutlich, dass es sich um eine un-liebsame Unterbrechung handelt, dass das eigentlich Wichtige erst noch bevorsteht. Hier jedoch schienen Menschen in einer Ruhe und Gelassenheit zu existieren, als sei das Warten oder Nichtstun das Eigentliche und noch dazu das Angenehmste oder doch Natürlichste der Welt.

Vielleicht erscheint solch ein Verhalten dem europäischen Betrachter zunächst weder besonders bemerkens- noch erstre-benswert, ist er doch gewohnt, jede freie Minute zu nutzen. In Ratgebern für Zeitmanagement finden sich viele Ideen, wie Fahr- und Reisezeiten durch Arbeiten, Lesen, Schreiben und das Anhören von Lernkassetten usw. produktiv genutzt werden können. Auch im privaten häuslichen Rahmen gibt es kaum jemanden, der regelmäßig „nichts" macht. Vielmehr ist im-mer etwas zu tun: Lebensmittel einkaufen, Spülmaschine aus-räumen, Essen vorbereiten, Zeitung lesen ... Und wenn nichts mehr zu tun ist, dann kann man immer noch den Fernseher einschalten. Wir sind Weltmeister darin, die Zeit zu füllen. Die Vorstellung, einfach nur dazusitzen, ohne etwas zu tun, löst eher Unbehagen aus.

Viele Menschen, denen ich auf meiner Reise begegnete, schienen die Annahme, jede Minute des Tages müsse mit pro-duktiver Tätigkeit vollgepackt werden, nicht zu teilen. Ich war vollkommen fasziniert von dieser real existierenden Alterna-tive zu meinem alltäglichen Stressprogramm, ohne dabei die Kehrseite, eine vergleichsweise niedrige Produktivität, zu über-sehen. So ließ mich der Gedanke nicht los, ob diese beiden Kul-turen nicht voneinander lernen könnten. Der Traum, der mir vorschwebte, war, ein wenig von der Fähigkeit zum Nichtstun dieser Menschen zu lernen und in meinen westlichen Alltag zu integrieren. Allerdings fragte ich mich, wie dies zu bewerk-stelligen sei, ohne Aussteiger zu werden oder als Eremit der Welt den Rücken zuzukehren.

Zeit gestalten heißt Leben

Man spricht davon, Zeit – oder auch keine – zu „haben". Zeit lässt sich jedoch niemals besitzen, wie man ein Ding besitzt und wie es der Sprachgebrauch suggeriert. Jeder Tag hat 24 Stunden, und wenn ein Augenblick vergangen ist, wird gleich darauf ein neuer geboren. Worüber sich nachzudenken lohnt, sind wir selbst und unsere Fähigkeit, unser Leben zu gestalten. Aus diesem Grunde gibt es genau genommen auch kein Zeit-Management. Man kann Dinge managen, Abläufe, Firmen, aber keinesfalls die Zeit. Was landläufig unter Zeitmanagement verstanden wird, meint eine verantwortungsvolle, ergebnisorientierte Arbeitsweise, d. h. es verweist letztlich immer wieder auf den Menschen als Subjekt, der mit der Zeit umgeht. Alles Management ist deshalb zuerst Selbstmanagement.

Wenn an einer Produktionslinie in einer Fabrik Motorräder zusammengebaut werden, dann lässt sich die Geschwindigkeit der Montage, der Zufluss der Teile und Komponenten, die Wartung und Einrichtung der Maschinen, das Vorhandensein menschlicher Arbeitskraft usw. planen und organisieren. Das ist Management von Abläufen und Gegenständen. Aber was soll Management von Zeit sein, die angeblich knapp und kostbar ist und uns zwischen den Fingern verrinnt?

Die sprachliche und gedankliche Gleichsetzung der Zeit mit einem Ding oder einem Gegenstand verhindert, dass wir Verantwortung übernehmen für das einzige, worauf es wirklich ankommt: auf die Akteure, d. h. uns selber, als diejenigen, die ihr eigenes Leben gestalten. Zeit ist, wie der Raum, eine Dimension, in der Menschen sich bewegen. „Ich habe keine Zeit" heißt dann: „Ich existiere nicht wirklich, mir fehlt eine Dimension meiner Existenz." Besser ließe sich sagen: „Jeder schafft sich seine Zeit selber" – womit gemeint ist: Jeder macht etwas aus der ihm geschenkten Zeit und ist für sein Leben verantwortlich. So ist ein neuer Blick auf das Thema „Zeitnot" möglich. Und die vielen zeitgestressten Menschen können für sich Antworten entwickeln auf die Frage: „Was macht die Qualität meines Lebens aus?"

Wenn das Gefühl, dass die Zeit immer schneller vergeht, an dem Netz von Terminen liegt, das sich immer dichter über Arbeitstag wie Freizeit zieht, so liegt die Lösung nicht in einer immer feineren Terminplanung. Nicht in der immer raffinierteren Anordnung von Aufgaben und Tätigkeiten liegt der Ausweg, sondern in der Fähigkeit, aus dem wahnwitzigen Stakkato der Termine gelegentlich aussteigen zu können, innezuhalten, um in einen freien Raum einzutreten, in dem sich wieder atmen und zur Besinnung kommen lässt, kurzum: in der Kunst zu verlangsamen. Es ist eine paradoxe Antwort, die hier vorgeschlagen wird: nicht noch schneller, noch mehr Beschleunigung, um Zeit zu gewinnen, sondern gerade das Gegenteil, Verlangsamung, als Lösung des Problems.

Dabei soll keineswegs einer generellen Verlangsamung das Wort geredet werden. Das wäre auch gar nicht realistisch. Vielmehr geht es um die Fähigkeit, sich immer wieder aus der Hektik des Tagesgeschäftes herauszuziehen, um Distanz und Überblick zu gewinnen. Nicht nur die vorherrschende Hektik fordert dies, sondern ebenso die zunehmende Komplexität vieler geschäftlicher Zusammenhänge, die eindimensionale Betrachtungen schnell zu verhängnisvollen Fehlentscheidungen werden lassen.

In unserer Kultur wird die Vorstellung von der verronnenen Zeit unendlich variiert. „Kinder, wie die Zeit vergeht", singen die Berliner. „Ist dieser Tag, diese Woche, der Frühling wieder schnell vorübergegangen", so wird gerne eine Unterhaltung begonnen. Dabei wird übersehen, dass jede Sekunde ein neuer Augenblick geboren wird. Frisch und unschuldig bietet er sich uns dar, das Beste aus ihm zu machen. Jeder Tag eines menschlichen Lebens hat 24 Stunden. Es ist dabei weder Zeit zu gewinnen noch Zeit zu verlieren. Was sich beeinflussen lässt, ist nicht die Dauer eines Tages, wohl aber die Qualität dessen, was man mit seiner Zeit anfängt. Ob man von gewissen Stunden sagen kann, sie seien glücklich gewesen – das scheint sehr viel bedeutungsvoller als eine gesparte oder verlorene Stunde.

In früheren Jahrhunderten halfen den Menschen Konventionen und Traditionen, den Rhythmus des Lebens zu strukturieren. Eine wichtige Rolle spielte dabei die Religion mit ihren Festen und dem kirchlichen Kalender. Sonntags war Ruhetag mit dem obligatorischen Kirchgang, religiöse Feste wie Ostern, Weihnachten, Erntedank begleiteten den Wechsel der Jahreszeiten und schafften Orientierung. Abends um 18 Uhr läuteten die Kirchenglocken und leiteten damit den Abend und das Ende des Arbeitstages ein.

Heute haben die Geschäfte bis spät abends geöffnet, in den USA und Japan oft 24 Stunden lang, Internetshopping ist rund um die Uhr möglich. Viele Menschen arbeiten in Schichtarbeit zu allen Tages- und Nachtzeiten. Die Heimarbeit nimmt zu, bei der Berufstätige zu Hause am PC arbeiten und sich bei Bedarf in den Zentralcomputer ihres Unternehmens einwählen können. Jeder entscheidet, ob er, wenn die Aufgabe und die Zeit drängt, Tag und Nacht durcharbeitet, wann er einen Tag pausiert. Die Strukturierung der Zeit ist durch keine Konvention mehr vorgegeben, soziale Rhythmen sind immer weniger vorhanden. Aus dieser Situation heraus ergeben sich für den Einzelnen große Chancen, das eigene Leben individuell zu gestalten. Aber dies setzt bewusste Entscheidungen voraus, die nicht immer leicht zu treffen sind, da gesellschaftliche Konventionen und Strukturen, die vormals durch die gemeinsame Religion vorgegeben waren, heute weitgehend fehlen.

Eine kleine Gebrauchsanleitung für dieses Buch

Die Fähigkeit, gelegentlich zu verlangsamen und in Kontakt mit dem eigenen Rhythmus zu kommen, ist Grundvoraussetzung für Lebensqualität. Wie kann man sich die Kunst zu verlangsamen vorstellen? Diese Kunst umfasst – sportlich ausdrückt – drei Teildisziplinen, die eng miteinander verwoben sind:

1. Pausen und Zeit-Inseln gestalten (Kapitel 1 und 2)
2. Eigenzeiten und -rhythmen wahrnehmen (Kapitel 3 und 6)
3. Achtsamkeit üben und Sinn geben (Kapitel 7)

Kapitel 4 und 5 bieten Informationen darüber, wie unterschiedlich Zeit in verschiedenen Kulturen und im Laufe der eigenen, europäischen Geschichte wahrgenommen, erlebt und bewertet worden ist.

Jedes Kapitel ist wiederum in drei verschiedene Abschnitte gegliedert: Die Rahmenhandlung zu Beginn jedes Kapitels erzählt von zwei Freunden, die sich in etwa monatlichen Abständen zu einer kleinen Wanderung treffen. Johannes Wissmann ist 42 Jahre alt, verheiratet, Mitbegründer eines jungen Unternehmens der IT-Branche in Berlin und hat zwei Söhne im Alter von 14 und 16 Jahren. Fritjof Sommer ist 49 Jahre, in zweiter Ehe verheiratet; Tochter und Sohn sind 23 und 20 Jahre alt, er ist Hauptabteilungsleiter in einem großen Konzern in Nürnberg. Beide haben mit erheblicher Arbeitsbelastung und Zeitnot zu kämpfen, und es stellt sich für sie die Frage, wie sich das, was sie sich als Lebensqualität wünschen, im Alltag verwirklichen lässt.

Diese Dialoge bieten einen szenischen Einstieg in die jeweiligen Kapitel, die die von den beiden Freunden aufgeworfenen Fragen genauer beleuchten. Für den Leser, der praktische Anregungen sucht, bietet ein Übungsteil im Anschluss an jedes Kapitel (mit Ausnahme von Kapitel 4) schließlich die Möglichkeit, die Kunst des Verlangsamens konkret in seinem persönlichen und beruflichen Alltag zu erproben. Er kann Übungen auswählen und in kleinen Schritten lernen, individuell und flexibel mit Belastungssituationen umzugehen, zwischen schneller und langsamer Gangart zu wechseln und den Kontakt zum eigenen Lebensrhythmus und der persönlichen Lebensmitte zu festigen.

Wenn man sich die unterschiedlichen Zeiten, in denen sich ein Leben abspielt, als ein großes Haus vorstellt, das mit unterschiedlichen Zeit-Räumen ausgestattet ist, so gleicht das Zeit-Haus vieler Menschen heutzutage vielfach eher einer Art Einzimmerwohnung, in der die karge Ausstattung sozialen Wohnungsbaus vorherrscht. Es gibt nur einen Zeitraum, in dem alles möglichst schnell, effizient und strukturiert zu geschehen hat. Die Zeit ist knapp und streng in kleine Einheiten eingeteilt. Es scheint, als hätten die Menschen der westlichen Industriege-sellschaft – trotz allem materiellen Wohlstand – vergessen, dass ihnen qua Geburtsrecht ein großes, reiches Zeit-Haus zu-steht.

Wenn jemand ein großes, schönes Haus bewohnt, möchte er sich gewiss nicht auf einen Raum darin beschränken, in dem er alles macht: kochen, baden, schlafen, arbeiten, feiern usw. Das Leben bietet uns viele verschiedene Zeiträume, es liegt an jedem Einzelnen selbst, diese zu entdecken und zu gestalten. Dieses Buch möchte eine Einladung sein, Türen zu neuen Zeit-Räumen zu öffnen, auf Wunsch Wände zu versetzen und es sich mit neuen Möbeln wohnlich einzurichten.*

* Bei Fragen und Anregungen zu den in diesem Buch vorgestellten Übun-gen können Sie sich an folgende Adresse wenden: Helmut.Hallier@t-online.de

Prolog 1

Rehabilitationsklinik Havelhöhe, Berlin, im März

Fritjof Sommer ist aus Nürnberg angereist, um seinen Freund Johannes Wissmann zu besuchen. Dieser war für ein verlängertes Wochenende in die Alpen gefahren, wo er beim Skifahren gestürzt war und sich einen komplizierten Schulterbruch zugezogen hatte.

Johannes: „Ich wollte, ich wäre nicht gefahren! Wenn ich nur einen Wunsch frei hätte, dann wollte ich noch mal die Entscheidung treffen dürfen, nicht in den Ski-Urlaub zu fahren."

Fritjof: „Du brauchst jetzt Geduld – ändern kannst du das, was passiert ist, sowieso nicht. Mach für dich das Beste aus der Zeit."

„Zeit, Zeit!", schnaubt *Johannes* wütend. „Wenn ich mehr Zeit gehabt hätte, wäre der Unfall gar nicht erst passiert. Ich habe das Skiwochenende zwischen meine sonstigen Termine gequetscht, eigentlich fehlte mir die Zeit, um Urlaub zu machen. Wäre ich Trottel doch nur zu Hause geblieben! Dann wäre jetzt alles anders."

Nach einem Augenblick fügt er nachdenklich hinzu: „Wenn ich nur wüsste, warum ich in den letzten Jahren immer weniger Zeit habe ... Wie schaffst du das nur als Hauptabteilungsleiter, alles unter einen Hut zu bekommen – Mitarbeiter, Vorgesetzte, Kunden, Partnerin, Kinder, Freunde ... oder hast du so wenig zu tun, dass du extra meinetwegen nach Berlin kommen konntest?"

Fritjof formuliert seine Antwort vorsichtig: „Ein paar Dinge habe ich in der Vergangenheit tatsächlich gelernt. Aber es fällt mir nicht immer leicht, sie im Alltag umzusetzen. Oft falle ich in alte Verhaltensweisen zurück. Dann komme ich

Tag für Tag erst nach 20 Uhr nach Hause, und die Hektik der Arbeit lässt für nichts anderes mehr Raum."

Die beiden beschließen, einen Spaziergang durch den Park der Klinik zu machen. Während sie an der Havel entlanggehen, kommt die Sonne hinter den Wolken hervor. Sie genießen den Blick auf das Wasser und beobachten ein paar Enten, die dort schwimmen. Wissmann nimmt den Faden ihres Gesprächs wieder auf: „Du hast mich neugierig gemacht, Fritjof. Wie schaffst du es nur, gut mit deiner Zeit umzugehen?"

<u>Fritjof</u> (lacht): „Das Wichtigste war für mich zu lernen, langsamer zu machen. Gerade weil in der Firma alles immer schneller geht und die Anforderungen immer höher werden, ist die Kunst des Verlangsamens für mich überlebenswichtig geworden – und zugleich besonders schwierig. Auf Zeitmanagement-Seminaren hatte ich immer nur gelernt, meinen Führungsalltag möglichst effizient mit Terminen vollzupacken."

Eine Zeit lang wandern die Freunde schweigend weiter. Dann beschreibt Fritjof die Arbeitssituation in seiner Firma. Täglich erhält er Dutzende von E-Mails, muss in Sekundenschnelle entscheiden, was davon wichtig ist. Die Unterbrechungen von außen haben stark zugenommen, die Abläufe haben sich enorm beschleunigt.

<u>Fritjof:</u> „Eine Zeit lang führte das dazu, dass ich gar nicht mehr abschalten konnte. Kein vernünftiges Gespräch außer über Arbeitsbelange war mit mir noch möglich. Wahrscheinlich war ich unerträglich. Und sicher hat das auch den letzten Anstoß dafür gegeben, dass sich meine Frau damals von mir trennte. Alles, was ich tat, geschah unter Zeitdruck, auch mein Privatleben – oder das, was ich damals dafür hielt."

<u>Johannes</u> (nickt zustimmend): „Ein wenig erinnert mich das an die Zeit vor meinem Unfall."

<u>Fritjof:</u> „Auf gewisse Weise glich mein Leben einer Fahrt auf der Überholspur, das Gaspedal immer tief durchgedrückt. Ich war einfach unfähig abzubremsen."

<u>Johannes:</u> „Aber wie hast du den Übergang zu deinem heutigen Leben geschafft, in dem du mit deiner Zeit recht gut umgehen kannst? Das ist für mich der eigentlich spannende Punkt."

Fritjof: „Indem ich begonnen habe, mir ganz bewusst Zeit-räume einzurichten, in denen ich langsamer werden konnte. Z. B. habe ich mich daran erinnert, dass sich mein Handy auch ausschalten lässt. Am Wochenende habe ich ganz be-wusst meine Akten im Büro gelassen. Und ich habe geübt, be-stimmte Dinge langsamer und bewusster zu tun: morgens un-ter der Dusche zu stehen und meinen Körper ausgiebig zu pfle-gen; beim Essen nicht schon fertig zu sein, wenn die anderen den Teller noch halbvoll haben. Ich habe mich bemüht, meine Gabel hinzulegen, während ich kaute, anstatt den nächsten Bissen schon bereitzuhalten."

Johannes Wissmann hat ihm aufmerksam zugehört. Ein bisschen enttäuscht ist er schon, dass sich die Lösung so un-spektakulär anhört. Andererseits erkennt er sich in den Situa-tionen durchaus wieder.

Fritjof schildert weiter, wie er manchmal einfach seine Uhr ablegte und einen Tag lang einfach überhaupt kein Programm machte, sondern sich einfach auf seine spontanen Impulse verließ. Die Idee gefällt Johannes, denn er ist ein spontan-krea-tiver Typ und leidet oft unter den bis ins Letzte durchgeplan-ten Tagesabläufen. Doch es bleibt ein Rest an Skepsis.

Johannes: „Am Wochenende kann ich mir das vielleicht noch vorstellen – aber in die Realität des Berufslebens passt das wohl kaum?"

Fritjof (lacht): „Ja und nein – der Zeitdruck in der Firma hat nicht abgenommen, eher im Gegenteil. Aber ich habe meine Idee auf die Arbeitssituation bezogen weiterentwickelt. Ich praktiziere einen halben verlangsamten Tag pro Woche. Bei mir ist das zur Zeit der Donnerstagnachmittag, der von mir und meiner Sekretärin freigehalten wird: keine Termine, keine Telefonate von außen usw."

Johannes: „Und was fängst du an mit dieser Zeit?"

Fritjof: „Es gibt so viel, worum ich mich kümmern muss. Ich habe oftmals nicht die Zeit, mich intensiver mit wichti-gen Dingen zu befassen. Dadurch bleiben meine Kenntnisse oft oberflächlich. Donnerstags nehme ich mir ein geplantes Projekt vor, arbeite mich in die Thematik ein und bastele ge-

danklich an der Konzeption. Diese Zeit widme ich Fragen, die mich interessieren, aber noch nicht ausgereift und wirklich durchdacht sind und zu denen ich im Tagesgeschäft nicht komme."

Johannes: „Hört sich nicht schlecht an. Ich wüsste nur nicht, wie ich einen halben Tag dafür frei bekommen könnte. Aber vielleicht müsste ich es einfach mal versuchen ..."

Fritjof: „Seitdem ich diesen halben Reflexionstag einge-führt habe, habe ich wieder das Gefühl, nicht nur ständig rea-gieren zu müssen, sondern auch gestalten zu können. Ich fühle mich insgesamt besser und entspannter bei meiner Arbeit."

Johannes: „Wie haben denn deine Kollegen auf diese Ver-änderung reagiert?"

Fritjof (grinst zufrieden): „Mein Chef und manche Kollegen waren zunächst etwas misstrauisch oder vielleicht auch nei-disch, weil ich plötzlich weniger Überstunden gemacht habe und öfters pünktlich das Büro verließ. Meine Mitarbeiter merk-ten, dass viele Projekte ruhiger angegangen wurden und un-ser Bereich dadurch erfolgreicher wurde; manche, vor allem die jüngeren unter ihnen, kopieren mein Vorgehen. Unsere Ergebnisse sind bestens, und Erfolg ist doch immer ein gutes Argument."

Johannes ist neugierig geworden, obwohl (oder gerade weil) er die Idee, bewusst langsamer zu machen, auf den ersten Blick ziemlich verrückt findet. Deshalb schlägt er vor, sich einmal pro Monat zwischen Nürnberg und Berlin zu treffen, einige Stunden gemeinsam zu wandern und sich dabei über die Kunst des Verlangsamens auszutauschen. Fritjof gefällt die Idee, und er nimmt den Vorschlag gerne an.

1. Zeit für mich

Pausen im Alltag

Wo gibt es noch Zeiten, die frei sind von Zeitdruck und Terminstress? Zeiten, deren verlangsamtes Tempo es erlaubt, sich auf ein Geschehen, auf Erlebtes wirklich einzulassen? Muße im Sinne einer aktiven und bewussten Ruhe ist uns heute oftmals fremd geworden. Sehnsüchtig klagt der Schriftsteller Milan Kundera: „Ach, wo sind sie, die Flaneure von einst? Wo sind sie, die faulen Burschen der Volkslieder? (...) Ein tschechisches Sprichwort beschreibt ihren süßen Müßiggang mit einer Metapher: sie schauen dem lieben Gott ins Fenster."[2]

Gelegentlich jedoch kann man der Routine des Alltags zumindest für einen Tag entfliehen: ein Ausflug in die Umgebung der Stadt, ein langer Spaziergang, ein Tag im Schwimmbad, auf dem Fahrrad oder eine Skiwanderung. Als kostbare Erinnerung leben solche Tage unter der Oberfläche des gewöhnlichen Arbeitsalltags weiter, sind konkrete Utopie einer alternativen Zeitexistenz. Doch was ist das Besondere dieser Auszeiten?

Ein langer Spaziergang etwa ermöglicht Bewegung, und zwar nicht, um über die Straße zu rennen oder eine U-Bahn zu erreichen, sondern aus Freude am Laufen selbst. Wichtig ist dabei, sich wirklich frei zu bewegen, d. h. so schnell zu gehen, wie man mag, stehen zu bleiben, wenn der Körper ausruhen will oder wenn es etwas zu sehen gibt. Denn auch das Sehen verändert sich. Der Blick eilt nicht mehr zwischen sich schnell bewegenden Autos hin und her, sondern ruht auf Bäumen und Feldern und nimmt die Farben der Natur in sich auf. Die Bilder, die sich dem Auge darbieten, gleiten langsam, im Schritttempo, an ihm vorüber. Der Blick kann in die Ferne schweifen und darf verweilen. Auch die Geräusche in der Natur unterscheiden sich von denen in der Stadt: das Plätschern des Wassers, das Rauschen der Blätter in den Bäumen, der Klang der Schritte auf dem Weg. An solchen Tagen wird die Mahlzeit weniger zu einer festen Uhrzeit oder in einer vorgeschriebenen Pause eingenommen, sondern dann, wenn man Appetit verspürt und der Körper nach einer Pause verlangt. Es ist die innere Uhr des Körpers, der gefolgt werden darf.

Die Natur erinnert den Menschen an andere Rhythmen als jene, die das städtische Arbeitsleben bestimmen: den Rhythmus des Säens, des Heranreifens, der Blüte und der Ernte. Bäume, die im Frühjahr Knospen treiben und deren Blätter sich im Herbst verfärben und als Laub auf die Erde fallen, erinnern an den sich beständig wiederholenden Rhythmus der Jahreszeiten. Und am Abend brennt die Haut von der Sonne, die Augen haben sich satt gesehen am Grün der Bäume, und die Glieder sind wohlig müde von der Bewegung an der frischen Luft. Einen glücklichen Tag lang dauerte der Kontakt mit dem Rhythmus der Natur, dem Wald, der Sonne und den Jahreszeiten.

Pausen, in denen man abschalten kann, Zwischenzeiten für sich selbst, Perioden verlangsamten Tempos – all dies sind wichtige Aspekte eines glücklichen Lebens und befriedigenden Umgangs mit der eigenen Zeit. Doch wie lässt sich die Kunst des Verlangsamens erlernen? Für die Gestaltung von verlangsamten Zeiten scheint es von besonderer Bedeutung, eine Balance zwischen den folgenden Bereichen im Leben herzustellen:

1) Anstrengung und Entspannung
2) Tun und Denken
3) Privatleben und Arbeit.

Die Balance zwischen Anstrengung und Entspannung

Für viele Berufstätige spielt die Balance zwischen Anstrengung und Entspannung, zwischen Arbeit und Erholung eine wichtige Rolle. Oft herrscht ein Ungleichgewicht zwischen diesen beiden Bereichen. Erschöpfungszustände und „Burnout" können die Folge sein. Der Mensch ist schließlich keine Maschine, die ständig auf Hochtouren laufen kann, auch wenn er das gelegentlich versucht. Deshalb ist es so wichtig, sich Momente der Ruhe zu schaffen. Das kann der Blick aus dem Fenster sein, ein Moment der Geistesabwesenheit oder der Gang zwischen zwei Besprechungsorten. Erstaunlicherweise, so hat eine Umfrage ergeben, nutzen viele Menschen die Autofahrt zwischen Arbeitsplatz und Zuhause, um abzuschalten und den Arbeitsstress hinter sich zu lassen. Die Vorstellung, nur einen kurzen Weg zur Arbeit zu haben, rief bei den Befragten eher Unbehagen hervor.

Das Beispiel der Autofahrer zeigt, dass für die gewünschte Unterbrechung und Verlangsamung nicht immer die besten und angemessensten Methoden Einsatz finden, was auch folgende ungewöhnliche Erfahrung illustrieren mag. Sie stammt aus der Periode meines ersten Anlaufs in die Selbständigkeit (der übrigens nach gut zwei Jahren scheiterte):

Ich hatte mit einem Freund zusammen ein kleines Institut in Berlin gegründet, das spezielle Weiterbildungsveranstaltungen anbot. Der Stress und die Sorgen um das Projekt, in das ich viel Geld und Energie investiert hatte, nahmen nicht nur meine Tage, sondern auch meine Nächte in Besitz. Ich konnte nicht abschalten. In dieser Situation musste ich mich in längere Behandlung bei meiner Zahnärztin begeben. So befremdlich sich das zunächst anhören mag – die Stunden auf dem Behandlungsstuhl wurden zu den Ruhepunkten meines Lebens. Auf dem Stuhl konnte ich nichts tun, eine Zahnärztin und ihre Helferin bemühten sich um mich und meine Zähne, so dass die Erleichterung über diese Auszeiten, in denen ich loslassen konnte, gegenüber den unangenehmen Seiten der Behandlung überwog.

Nun ist der Zahnarztstuhl sicher kein allgemein zu empfehlendes Mittel, um sich bewusst Auszeiten zu gönnen und ein hektisches Leben zu verlangsamen. Wenn ein Berufstätiger oder ein Selbständiger seine Aufgaben erfolgreich meistern will, muss er sich an deren Gestaltung machen – warum sollte das bei der eigenen Lebensführung anders sein? Für das Leben, das unterschiedliche Zeit-Räume mit unterschiedlichen Einrichtungsgegenständen enthält, heißt das, Türen zu neuen Zeit-Räumen zu öffnen und sich um deren Einrichtung zu kümmern. Dazu ein Beispiel:

> Der Geschäftsführer eines mittelständischen Wäschereibetriebes kaufte sich vor Jahren ein schönes altes Holzboot. Mehrmals pro Woche fährt er nach der Arbeit zu dem Liegeplatz, um sich von dort auf seinem Boot zum Angeln in eine stille Bucht zurückzuziehen: „Das Angeln und die Fische, die ich aus dem Wasser hole, sind eigentlich nur ein Vorwand", meint er. Die Stunden alleine auf dem Wasser helfen ihm abzuschalten. Seine Aufmerksamkeit richte sich auf den Bootsmotor, das Wasser und das Angelgerät. So komme er wieder zur Ruhe. Er wisse kaum einen besseren Weg, Kraft für seinen Alltag zu schöpfen. Um auf Dauer seinen anstrengenden Arbeitstag überstehen zu können, habe er sich diese Kraftquelle geschaffen.

Das Bild vom alten Holzboot und dem Angeln auf dem Wasser entspricht den landläufigen Vorstellungen von Pause und Erholung. Die Gestaltung von Pausen kann jedoch individuell sehr verschieden ausfallen. Wie schon die „Auszeit" auf dem Zahnarztstuhl zeigte, kann das, was für den einen Erholung ist, für den anderen eine Qual sein. Wichtig ist die Bedeutung, die der Erholungssuchende mit einer bestimmten Situation verbindet:

> C. B., ein weiterer viel beschäftigter Manager, ist Hobbyflieger. Allerdings faszinieren ihn weniger Airbus und Boeing, sondern er fliegt einen amerikanischen Oldtimer aus den dreißiger Jahren. „In meinem Cockpit ist es ohrenbetäubend laut und eng, es riecht nach Öl. Doch in dem Moment, wo ich abhebe, vergesse ich alles um mich herum, alle Gedanken an meinen stressigen normalen Arbeitsalltag fallen von

mir ab, ich werde eins mit dem Fluggerät. Manchmal, wenn ich zum Fliegen keine Zeit habe, fahre ich doch wenigstens mein Flugzeug besuchen. Wenn ich es sehe und anfasse, erinnert es mich an eine andere Seite meines Lebens, an eine andere Qualität meiner Existenz."

Während es einerseits die Möglichkeit gibt, mit Hilfe eines geliebtes Hobbys oder eines besonderen Gegenstandes (Auto, Boot, Flugzeug etc.) für Erholungszeiten zu sorgen, kann das Ziel auch unmittelbarer angesteuert werden. Aus Asien sind zahlreiche Übungsmethoden nach Europa gekommen, die Körper, Geist und Seele stärken. Wer einmal Gelegenheit hatte zu sehen, wie sich in chinesischen Dörfern und Städten in der Morgendämmerung die Straßen mit Menschen füllen, die traditionelle Bewegungsübungen praktizieren, wird dieses beeindruckende Schauspiel nie vergessen. Am weitesten verbreitet in Europa ist wohl Yoga.

W. S., Lehrerin an einer Berliner Gesamtschule, hat sich vor Jahren entschlossen, täglich vor der eigentlichen Arbeitszeit eine Stunde lang ihre Yogaübungen zu machen. Einige Kollegen und Freunde waren zunächst erstaunt, dass sie täglich eine Stunde „zu früh" aufstand. Tatsächlich hat sie dadurch jedoch einen Weg gefunden, regelmäßig für sich Kraft und Ruhe zu schöpfen. Sie ist seltener krank und übersteht den anstrengenden Unterrichtsalltag seitdem mit bemerkenswerter Gelassenheit.

Aus den drei Beispielen wird deutlich, dass sich Erholungspausen individuell sehr unterschiedlich gestalten können. Gemeinsam ist allen geschilderten Beispielen jedoch, dass die Zeiten der Entschleunigung bewusst gestaltet sein wollen. Nur so besteht die Chance, dem Tempo des beruflichen und privaten Alltagslebens Zeiten der Verlangsamung entgegenzusetzen.

Gestaltung bedarf des Überblicks. Wer zu nah dran ist, sieht den Wald vor lauter Bäumen nicht. Die Balance zwischen Tun und Denken ist daher der zweite, wichtige Aspekt der Verlangsamung. Zeitdruck und Arbeitsdruck schränken die Perspektive ein. Aus diesem Grund ist es wichtig, Zeiten der Reflexion zuzulassen. Aktivität, meist verbunden mit Eile, und Nachdenken schließen sich häufig aus. Nachdenken bedarf der Muße, also gerade des Gegenteils von Zeitnot. Unter Stress kommt es zu Fehlern und Fehleinschätzungen, von denen der Betroffene später oft gar nicht mehr verstehen kann, wie sie ihm unterlaufen konnten. Unter Druck ist unsere Fähigkeit, vernünftig zu denken und angemessen zu reagieren, häufig eingeschränkt. Typisch dafür sind beispielsweise Prüfungssituationen, bei denen dem Kandidaten eine Antwort partout nicht einfallen will, obwohl er sie gelernt hat und vorher noch wusste.

Am Arbeitsplatz ist es oftmals so, dass die Flut der außengesteuerten Aufgaben und Anfragen kaum abzureißen scheint und diese in den meisten Fällen noch dazu einer schnellen Reaktion bedürfen. Durch den sich aufbauenden Druck erscheint das Leben dann gelegentlich wie ein Hamsterrad, in dem der Einzelne rennt und rennt, ohne dass sich im Wesentlichen etwas ändern würde. Die Lösung besteht gerade nicht darin zu trainieren, sich noch schneller und effizienter im Kreis zu bewegen, wie viele aus der Innenperspektive des Rades heraus meinen. Die einzige Chance zur Veränderung besteht darin, aus dem Hamsterrad auszusteigen und die Gegebenheiten des Käfigs und des Rades in den Blick zu nehmen. Dazu ein Beispiel:

C. B., Bereichsleiter in einem Großunternehmen, erarbeitete im Rahmen eines Coachings ein Programm, um sich stärker auf seine wesentlichen Führungsaufgaben zu konzentrieren und gleichzeitig bewusst Zeiten für sich selbst und für das Zusammensein mit seiner Familie einzuräumen. Drei Monate später beschreibt er seine Situation so: „Ich habe das eigenartige Gefühl, dass mein Leben etwas langsamer abläuft – ich fühle mich rundum zufriedener. Ich habe ein erheblich besseres Lebensgefühl, lebe bewusster, bin deutlich ausgeglichener und fühle mich gesünder, was wahrscheinlich auch auf die Gewichtsabnahme zurückzuführen ist. Gleichzeitig läuft mein Alltag wesentlich organisierter ab, ich bin produktiver, weniger gestresst und komme mit weniger Bürostunden aus (ca. 8–10 Stunden pro Woche), ich nehme mir mehr Zeit zum Nach- und ‚Vor'-denken."

Die Balance zwischen Arbeit und Privatleben

Der dritte wichtige Aspekt, wenn es um die Gestaltung verlangsamter Zeiten geht, ist die Balance zwischen Arbeit und Privatleben. Der amerikanische Management-Autor Stephen R. Covey fragt ironisch: „Wer bereut auf dem Sterbebett, nicht mehr Zeit im Büro verbracht zu haben?"[3] Die Perspektive des Todes, so befremdlich sie auf den ersten Blick scheinen mag, ist für die hier aufgeworfene Frage recht fruchtbar. Denn aus der Perspektive des Todes lässt sich das Leben nur als Ganzes und im Zusammenhang betrachten. Sie ermöglicht es, zwischen Wesentlichem und Unwesentlichem zu unterscheiden. Viele Menschen, die durch eine Krankheit oder einen Unfall dem Tod sehr nahe waren, entwickeln eine neue, intensive Lebensfreude, zu der sie vorher nicht fähig waren. Sie können besser zwischen wichtigen und unwichtigen Dingen unterscheiden und das, was sie als wesentlich für ihr Leben empfinden, bewusster wahrnehmen und sich daran freuen.

Wenn wir für uns und damit auch für unsere Zeit selbst verantwortlich sind, dann ist es sinnvoll zu fragen: Was ist mir wirklich wichtig im Leben? Was macht das Leben für mich lebenswert? Wie viel Zeit widme ich bisher diesen lebenswichtigen Aspekten meiner Existenz? Wenn ich mir vorstelle, im Moment meines Todes auf mein Leben zurückzublicken – was zählt dann für mich? Was möchte ich in Zukunft ändern?

Die Zeit-Räume der Entschleunigung erlauben es, über diese Fragen nachzudenken, das zu tun, was außer Arbeit und Geldverdienen wichtig ist oder auch einfach nur, das Leben zu genießen. Es empfiehlt sich, die Gestaltung von verlangsamten Zeit-Räumen nicht auf irgendeinen Zeitpunkt in der Zukunft zu verschieben, sondern bereits in der Gegenwart konkrete Schritte zu unternehmen, um die eigene Lebensweise entsprechend zu verändern.

Als Anstoß hierzu mag eine kleine Anekdote von Heinrich Böll dienen[4], die hier verkürzt wiedergegeben sei: Ein Tourist fotografiert in einem malerischen Ferienort einen Fischer, der neben seinem Fischerboot liegt und faul aufs Meer schaut – ein tiefblaues Meer unter strahlend blauem Himmel, eingerahmt von Palmen und einem weißen Sandstrand. Die beiden kommen ins Gespräch, und der Tourist fragt nach, wie der Fang gewesen sei. „Sehr gut!", antwortet der Fischer. „Warum fahren Sie dann nicht noch einmal aufs Meer hinaus, um noch mehr zu fangen?" – „Warum?" – „Nun, um mehr Fische zu fangen."– „Was soll ich damit?", fragt der Fischer. „Sie könnten Sie verkaufen und mehr Geld verdienen." Der Fischer wiederholt: „Was soll ich damit?" „Ein neues Boot kaufen mit einem Motor, um noch weiter hinausfahren zu können und noch mehr Fische zu fangen und noch mehr Geld zu verdienen." Der Fischer fragt erneut: „Ja, aber was soll ich damit?" – „Sie könnten sich ein zweites Boot kaufen und andere für sich arbeiten lassen." – „Ja, um Gottes Willen, warum denn das?" – „Dann können Sie tun und lassen, was Sie wollen! Sie können faul an diesem wunderbaren Strand liegen und aufs Meer schauen." Darauf entgegnet der Fischer: „Aber das mache ich doch schon jetzt!"

Welche Zeiträume auch immer der Einzelne für sich zu erschließen vermag: meist bedarf es dazu einer bewussten Entscheidung und einer gewissen Ordnung. Spontane Verlangsamung in einem von Zeitnot und Arbeitsdruck geprägten Leben findet, wie zu sehen war, eher zufällig auf dem Zahnarztstuhl oder im Auto statt. Unangenehmer noch ist es, wenn der Körper in Form einer Erkrankung oder eines Unfalls die Notbremse zieht, um auf diese Weise eine dringend benötigte Ruhephase zu erzwingen. Da ist es schon besser, regelmäßige Zeit-Räume der Verlangsamung fest einzuplanen, wie etwa die Berliner Lehrerin ihre Yoga-Stunde am Morgen. Während solche Zeiten der Verlangsamung zu Beginn noch bewusst erkämpft werden wollen, werden sie nach einer gewissen Zeit zur Gewohnheit, zu einem regelmäßigen Ritual wie das Zähneputzen am Abend.

Gelegentlich trifft die bewusste Zeitlosigkeit auf Unverständnis oder Ärger bei Mitmenschen, deren Lebensrhythmus weiter im Takt der Uhrzeit läuft. Bewusste Auszeiten verlangen Absprache und Verständnis im sozialen Umfeld. Mancher Berufstätige benötigt, bevor er sich auf Lebenspartner und Familie einlassen kann, eine Zwischenzeit, um zu sich selbst und in ein ruhigeres Fahrwasser zu gelangen. Das kann ein Spaziergang sein, eine Werkelei im Haushalt oder einfach eine halbe Stunde auf der Couch. Ihren Zweck kann diese Periode nur dann erfüllen, wenn die betroffenen Mitmenschen die „Zeit für mich" verstehen und respektieren. Die Belohnung kann anschließend eine aufmerksame Mutter oder ein hilfsbereiter Partner sein. Wenn es gelingt, im beruflichen und privaten Alltag langsame Zeiträume zu schaffen, kann dies für eine ganz neue Lebensqualität sorgen.

Für viele Menschen ist eine handwerkliche oder künstlerische Betätigung ein Weg, um zeitlose Momente zu erleben. An einem Aquarell oder einer Zeichnung sitzend vergisst der Hobbymaler die Uhrzeit und verliert sich für eine Zeit lang vollkommen in seiner Aufgabe. Einen alten Automotor zu zerlegen, ein Holzgestell zu zimmern, kann die gleiche glückselige Selbstvergessenheit erzeugen.

Auch Sport kann dabei helfen zu verlangsamen. Zunächst scheint es sich um beschleunigte Bewegung zu handeln: Laufen, Radfahren, Schwimmen, Ball spielen. Körperliche Anstrengung ist angesagt, doch gerade hierin liegt der Schlüssel zur Verlangsamung. Wenn ich für eine Zeit lang jogge, lasse ich mich automatisch auf den Rhythmus meines Körpers ein, folge meinem Atem, meinem Pulsschlag und der Leistungsfähigkeit meines Organismus. In der Bewegung kann ich mich ebenso vergessen wie der Künstler/Handwerker in seinem Tun. Die uhrlose Zeit und das Einlassen auf den eigenen Rhythmus schaffen die Erfahrung einer zeitlosen Insel. Zusätzlich belohnt den Sportler nach vergossenem Schweiß ein wunderbares Körpergefühl: Er kehrt sozusagen in die eigene Haut zurück. Bewegung ist das wichtigste Mittel, im Alltag aufgebauten Stress loszuwerden.

Es soll nicht unerwähnt bleiben, dass sportliche Leistung, wie vieles andere auch, in das Gegenteil dessen verkehrt werden kann, was hier beschrieben ist. Die Jagd nach Hundertsteln von Sekunden, Geschäftemacherei, Doping und Leistungsdruck treiben dem Sport das spielerische, genussfreudige Element oft gründlich aus. Hier gilt das, was für die Kunst des Verlangsamens immer wieder wichtig ist: dass es nicht auf das Tun allein, sondern auf die Qualität des Tuns ankommt.

Und wer hat es schließlich noch nicht erlebt, dass er bei der Lektüre eines spannenden Buches nicht nur die Welt um sich herum, sondern auch die Zeit vergaß? Auf diese Weise wird auch das Lesen zu einer Insel veränderter Zeit. Verlangsamung und Zeitlosigkeit vermag uns auch die Musik zu schenken. Musik hat eine starke psychische und körperliche Wirkung, die erst ansatzweise erforscht ist. So verändert sich der Herzschlag beim Anhören von langsamer Barockmusik und gleicht sich dem Takt der Musik an. Und auch der Zusammenhang zwischen dem Fahrstil eines Autofahrers und der Musik, die aus seinem Radio kommt, ist faszinierend zu beobachten.

Die Fähigkeit zu verlangsamen, die uns Muße, Gelassenheit und Lebensfreude ermöglicht, ist bereits in jedem Menschen angelegt. Wenn jemand in der Hetze des Alltags gelegentlich der Mut verlässt, dieses Leben jemals mit Muße, Gelassenheit und Lebensglück zu füllen, so ist es gut, sich immer wieder daran zu erinnern, dass jeder Mensch die Kunst des Verlangsamens lernen kann, ja sie immer wieder auch, zumindest punktuell, verwirklicht.

Problematisch wird die Schnelligkeit täglichen Tuns, wenn sie einem Wagen gleicht, der ohne Fahrer und Bremse immer schneller einen Abhang hinunterrast. Dann ist es wichtig, die eigene Aufgabe als Wagenlenker wieder ernst zu nehmen, die Bremse zu aktivieren und das Steuer zu nutzen, um gelegentlich am Straßenrand anzuhalten und den Weg hinter sich und vor sich zu betrachten und darüber nachzudenken, wohin man eigentlich fahren möchte. Und schließlich sollte man während der Fahrt natürlich auch die wundervolle Landschaft um sich herum nicht vergessen.

Übungen

„Sind Sie reif für die Insel?", texteten vor einiger Zeit Werbefachleute. In Zeiten, in denen die Beschleunigung zunimmt, wächst die Sehnsucht nach einer Insel, die es dem Menschen erlaubt, dem Alltagsstress für einige Zeit zu entkommen, um zu entspannen und neue Kraft zu schöpfen. „Die glücklichen Inseln hinter dem Wind", so heißt auch ein schönes Kinderbuch von James Krüss. Auf vielfältige Weise ist die Insel in unserem Sprachgebrauch nicht nur eine geographische Bezeichnung, sondern Metapher für einen Ort, an dem es sich wohl sein lässt.

Es ist nicht erforderlich, auf den nächsten großen Urlaub zu warten, um sich auf die Insel zu begeben. Es gibt viele Inseln, die es erlauben, den eigenen Rhythmus zu verlangsamen. Wer sich im Strom der Zeit bewegt, muss die Insel nur ansteuern. Dabei bedarf es einer gewissen Übung, den großen Strom zu verlassen, ein Landemanöver durchzuführen und später den engen Hafen der Insel wieder zu verlassen. Die folgenden Übungen möchten Ihnen dabei helfen.

Für die Übungen benötigen Sie Papier und Stift und einen Ort, an dem Sie für einige Zeit ungestört bleiben. Schreiben Sie auf, was Ihnen zu den Fragen spontan einfällt. Eine Übung sollte jeweils in Ruhe zu Ende geführt werden, bevor Sie mit der nächsten beginnen. Machen Sie lieber nur eine Übung in Muße als alle drei in Eile.

1. Reflexion

Erinnern Sie sich an Momente in Ihrem Leben, die Sie als verlangsamte Zeit, vielleicht auch als zeitlos erlebt haben. Betrachten Sie anschließend das, was Sie aufgeschrieben haben, näher. Gibt es Gemeinsamkeiten zwischen den von Ihnen notierten Situationen und Momenten?

2. Reflexion

Für die nächste Frage teilen Sie ein leeres Blatt Papier senkrecht in zwei Spalten. In die linke Spalte schreiben Sie das, was Ihnen im Leben wirklich wichtig ist. Anschließend schreiben Sie in die rechte Spalte, wie viel Zeit Sie pro Woche schätzungsweise jedem der aufgeführten Punkte widmen.

3. Reflexion

Wie sahen Ihre Erholungspausen vor zehn Jahren aus? Wie vor zwanzig Jahren? Was möchten Sie heute ausprobieren?

4. Aktion

Verabreden Sie sich ungefähr zwei Stunden pro Woche zum Spielen mit sich selbst oder besser: mit Ihrem „inneren Kind". Planen Sie diese Verabredung im voraus ein. Diese wöchentliche Zeit dient dazu, dem Teil von Ihnen Aufmerksamkeit zu schenken, der für Kreativität und spielerische Leichtigkeit zuständig ist. Er wird in der Psychologie auch als „inneres Kind" bezeichnet. Ihr kreativer Teil ist ein Kind, das regelmäßig Zeit mit Ihnen benötigt, um nicht zu verkümmern. Es braucht jemanden, der ihm zuhört.

Zeit mit Ihrem „inneren Kind" zu verbringen, bedeutet mehr, als einfach nur Geld auszugeben. Ein Besuch in einem Ramschladen, ein Ausflug in die Natur, ein Sonnenuntergang, ein Bummel durch einen unbekannten Stadtteil, ein alter Film, den man sich alleine anschaut, ein Besuch im Zoo oder in einer Kunstgalerie – all das kostet Zeit, aber nicht unbedingt Geld. Es ist die zeitliche Verpflichtung, die zählt. Für das Gelingen ist es wichtig, dass Sie niemanden zu dieser Verabredung mitnehmen außer sich selbst. Das bedeutet: keine Geliebten, keine Freunde, Ehepartner, keine Kinder, niemanden. Es ist Zeit, die Sie absichtslos spielerisch und genießerisch mit sich selbst verbringen.[5]

Prolog 2

Bad Dürrenberg, Sachsen, im April

Fritjof Sommer und Johannes Wissmann haben Bad Dürren-
berg als ersten Treffpunkt ausgewählt. Der Ort liegt ziemlich
genau in der Mitte zwischen Nürnberg und Berlin. Sie haben
Glück – nach mehreren Regenwochen ist dies der erste Tag,
an dem die Sonne scheint. Die Natur glänzt ihnen regenfrisch
entgegen, während sie auf einem hübschen Wanderweg ent-
lang der Saale gehen. Eine Weile wandern sie schweigend und
lassen sich ganz von dem Morgen gefangen nehmen. Dann
eröffnet Fritjof die Unterhaltung.

<u>Fritjof:</u> *„Wie geht es denn mit deiner Schulter?"*

<u>Johannes:</u> *„Ich bin sehr erleichtert. Letzte Woche hat die*
Röntgenaufnahme ergeben, dass der Bruch weiter gut zusam-
menwächst. Ich muss also nicht mehr operiert werden, und
mit den Schmerzen geht es auch immer besser ... Außerdem
habe ich beschlossen, einiges bei mir zu ändern."

<u>Fritjof:</u> *„Oh, jetzt machst du mich aber neugierig!"*

<u>Johannes:</u> *„Mach dich nicht lustig über mich! Ich habe aus*
der Sache immerhin etwas gelernt. Wenn ich mein Leben vor
dem Unfall betrachte, so möchte ich nicht in die gleiche Müh-
le zurückkehren. Ich werde in Zukunft regelmäßige Pausen
und, wie du das nennst, langsame Zeit-Räume einlegen. Im
Moment sorgt dafür noch meine Krankengymnastin ..."

<u>Fritjof:</u> *„Das hört sich doch schon ganz gut an!"*

<u>Johannes:</u> *„Finde ich auch. Allerdings habe ich diese Wo-*
che erst einmal eine unangenehme Überraschung erlebt. Ei-
ner meiner wichtigsten Mitarbeiter hat gekündigt. Ich war
ebenso überrascht wie enttäuscht, weil ich dachte, ihn und
seine Wünsche genau zu kennen."

Fritjof hört ihm aufmerksam zu und fragt dann: „Wie oft

habt ihr denn im letzten Jahr zusammengesessen und in Ruhe miteinander gesprochen?"

Johannes: „Fast jeden Tag! Wir haben viel zusammengearbeitet und haben täglich miteinander kommuniziert! Gerade deswegen bin ich ja so frustriert."

Fritjof fragt weiter nach, und das Bild, das sich dabei ergibt, lässt darauf schließen, dass Johannes zwar sehr viel mit seinem Mitarbeiter zu tun hatte, dass sie sich aber auf Grund des hohen Arbeits- und Zeitdrucks nie wirklich Zeit genommen hatten, die langfristigen Wünsche und Vorstellungen des Mitarbeiters zu besprechen.

Fritjof: „Ich habe zu Beginn meiner Karriere eine wichtige Lektion von meinem damaligen Vorgesetzten gelernt. Der hatte eine Einrichtung, die er ‚jour fixe‘ nannte, d. h., etwa alle drei Monate setzte er sich mit jedem Einzelnen seiner Leute für ein bis zwei Stunden zusammen und besprach mit ihnen alle Aufgaben, an denen sie arbeiteten. Dabei erfuhr mein Chef auch einiges darüber, wie die Mitarbeiter sich selbst und ihre Arbeitssituation beurteilten und konnte ihnen umgekehrt sein eigenes Feedback mitteilen."

Johannes: „Im Prinzip keine schlechte Idee. Nur ist heute alles viel schneller geworden. Meistens ist einfach keine Zeit für ausgiebige Gespräche."

Fritjof: „Die Zeit ist die gleiche geblieben, jeder Tag hat 24 Stunden. Die Frage ist doch, welche Prioritäten wir in der uns zur Verfügung stehenden Zeit setzen! Mir fällt es oft nicht leicht, regelmäßig Mitarbeitergespräche zu führen, doch sie sind mir wichtig. Die Leute fühlen sich verantwortlicher, arbeiten selbständiger und gerade deshalb letzten Endes verbindlicher. Ich weiß, wo jeder in meiner Mannschaft steht und muss mich nicht um jedes Detail kümmern."

Johannes: „Hm, vielleicht hast du recht ... Es scheint, dass wir in unseren Gesprächen über das Thema ‚Zeit‘ immer wieder zu der Einsicht gelangen, dass es wenig nützt, möglichst schnell möglichst viel zu tun. Innehalten, langsam werden, in Ruhe miteinander reden, alleine oder gemeinsam nachdenken – in Variationen läuft es immer wieder auf die gleiche Idee hinaus."

Fritjof: „Stimmt genau! Mit unseren gemeinsamen Spazier-
gängen machen wir ja auch nichts anderes, als uns aus dem
Tagesgeschäft auszuklinken. Wir genießen unseren Wander-
tag als Erholung und Abwechslung. Auf einer anderen Ebene
schaffen wir damit gleichzeitig den Raum, um in Ruhe über
Dinge nachzudenken und zu neuen Ideen und Lösungen zu
kommen. Im normalen Alltagsstress würde uns das kaum gelingen!"

Während der Unterhaltung ruht ihr Blick auf dem Fluss unter ihnen. Ruhig folgt das Wasser seinem Lauf zwischen den
Wiesen und Feldern.

Johannes: „Merkwürdig – unsere Zeit fließt dahin wie das
Wasser des Flusses: unaufhaltsam und unwiederbringlich."

Fritjof: „Ich schaue gerne flussaufwärts – der Fluss trägt immer neues Wasser heran. Mir gefällt die Idee, dass jederzeit
ein neuer Moment geboren wird – Zeit für mich, für deren Gestaltung ich verantwortlich bin!"

2. Zeit für andere

Eigenzeiten im Kontakt zwischen Menschen

Sowohl sachliche als auch soziale Zusammenhänge haben eine zeitliche Dimension. Im hektischen Arbeitsalltag scheint oft die Zeit zu fehlen, sich in Ruhe zusammenzusetzen und sowohl sachliche als auch Beziehungsaspekte zu thematisieren. Dabei ist Verlangsamung gerade hier notwendig. Ohne Zeit füreinander gelingt es nicht, gut zusammenzuarbeiten. Ohne gelungene Kooperation ist es unmöglich, Unternehmungen bzw. Teile davon zu leiten. Kooperation bedarf immer wieder Perioden der Vergewisserung, des Austausches, der Reflexion. Im betrieblichen Alltag ist vielfach zu erleben, dass Mitarbeiter zwar oft miteinander zu tun haben, vor allem in zahllosen Sitzungen. Trotzdem fehlen Gelegenheiten, die es den Beteiligten erlauben, sich gelegentlich vom operativen Geschäft zu distanzieren und gemeinsam von einer höheren Warte aus zu betrachten, was im Alltag routinemäßig abläuft.

Beispielsweise hatte ein Manager seinen wöchentlich stattfindenden Führungskreis mit der ihm nachgeordneten Ebene der Abteilungsleiter ursprünglich so strukturiert, dass alle Themen, die länger als zehn Minuten dauerten, dort nicht zugelassen waren. Er war stolz darauf, wie effizient und schnell die wöchentlichen Sitzungen durchgezogen wurden. Was jedoch lässt sich in zehn Minuten besprechen und entscheiden? In der Regel dürften dies nur Routineangelegenheiten sein. Wenn es wirklich wichtige Dinge sind, können sie in dieser kurzen Zeit nur oberflächlich angerissen werden.

Die hohe Geschwindigkeit, die heute alle Geschäftsprozesse und damit auch die an ihnen beteiligten Menschen bestimmt, prägt auch die Qualität des Umgangs miteinander. Sinnvoller dürfte also die Umkehrung der oben erwähnten Regel sein: Alle

Themen, die das Tagesgeschäft und die alltägliche Routine betreffen (und deshalb weniger als zehn Minuten erfordern), sind aus dem Führungskreis zu verbannen.

Führung von Mitarbeitern benötigt Zeit

Viele Manager übersehen, dass Mitarbeiterführung eine ihrer wichtigsten Aufgaben ist. Sie lässt sich nicht nebenher erledigen, sondern erfordert, wie andere Managementaufgaben auch, dass man dafür feste Zeiträume einplant. Ein Manager beschreibt seine Vorgehensweise so:

> „Wenn ich heute ein neues Projekt habe, stelle ich zunächst in meinem Führungskreis vor, worum es geht und welche Zielvorstellungen ich damit verbinde. Meine Mitarbeiter haben Gelegenheit, so lange nachzufragen, bis sie ein klares Verständnis von der Sachlage haben. Dann bitte ich sie, zur nächsten Sitzung Lösungsvorschläge mitzubringen. Damit ist schon eine Woche vergangen. Bei der nächsten Sitzung geht es darum, die verschiedenen Lösungen zu bewerten und dann zu schauen, wie Teillösungen miteinander verknüpft werden können. Die beteiligten Mitarbeiter stimmen ihre zeitliche Planung aufeinander ab. Nach einer weiteren Woche, in der die Mitarbeiter die bis dahin erarbeitete Planung auf ihre Umsetzung, vor allem auf die erforderlichen Ressourcen hin, überprüfen, können wir auf der nächsten Sitzung die ersten Schritte einleiten. Wenn ich diese Vorgehensweise damit vergleiche, wie ich früher vorgegangen bin, so dauert sie in der ersten Phase sehr viel länger, sie erfordert Geduld. Früher haben wir unsere Aufgaben viel schneller angepackt. Wir haben dann allerdings viel Zeit bei der eigentlichen Durchführung verloren, oft mussten Projekte wieder von vorne aufgerollt werden. Auf den gesamten Verlauf hin betrachtet, gelingen Projekte in meinem Bereich jetzt nicht nur problemloser, sondern letztlich auch schneller. Die Mitarbeiter sind besser eingebunden, die Aufgaben werden da-

durch verbindlicher und motivierter angepackt. Und ich muss mich weniger um Details kümmern, sondern kann mich auf die Sicherung der Rahmenbedingungen konzentrieren."

Das Beispiel zeigt recht gut, dass Management dadurch, dass es Zeit in die Mitarbeiter investiert, erfolgreich wird. Der allgegenwärtige Zeitdruck scheint dies vordergründig nicht zu erlauben, tatsächlich jedoch kostet die Eile, in der viele Projekte angegangen werden, letztlich viel mehr Zeit.

Ein anderes Phänomen von Zeitdruck ist die Neigung, Mitarbeitern detaillierte Anweisungen zu geben, was zu tun sei. Damit soll Zeit gespart werden, Dinge sollen beschleunigt werden, und gleichzeitig möchte man sicherstellen, dass die gewünschten Ergebnisse erzielt werden. Oft sind Führungskräfte, die so vorgehen, der Auffassung, dass es sich hierbei um den Vorgang der Delegation handelt. Delegation jedoch beruht auf hoher Selbständigkeit und Eigenverantwortung derjenigen, an die delegiert wird. Eigenverantwortung zu entwickeln bedarf besonderer Anstrengungen und einer Zeitinvestition auf Seiten der Führungskraft, bevor sie funktionieren kann.

In vielen Unternehmen ist es üblich, zu Beginn eines neuen Jahres Mitarbeitergespräche zu führen. In ihnen bespricht der Vorgesetzte mit dem Mitarbeiter, was dieser im vergangenen Jahr erreicht hat, und gibt eine Beurteilung ab, damit der Mitarbeiter weiß, wie der Vorgesetzte seine Arbeit einschätzt. Anschließend werden Vereinbarungen über die Aufgaben des kommenden Jahres getroffen, so genannte Zielvereinbarungen. Leider wird dies gelegentlich so verstanden, dass der Vorgesetzte wochenlang Aufgaben und Maßnahmen für seine Mitarbeiter ausarbeitet. Diese erhalten die Ausarbeitungen vor dem Jahresgespräch schriftlich und können dann zu den Überlegungen ihres Vorgesetzten Stellung beziehen. Mit „Vereinbarungen" hat diese Methode jedoch recht wenig gemein. Eher gleicht sie einer ängstlichen und bürokratischen Bevormundung des Mitarbeiters. Die Verständigung auf gemeinsame Ziele dagegen erlaubt dem Mitarbeiter, flexibel nach Wegen zu suchen, um seine Ziele zu erreichen. Die Vorgehensweise stärkt seine Eigenverantwortung und seine Kreativität. Gleichzeitig entlastet sie den Vorgesetzten und erlaubt ihm, sich auf seine eigentlichen Führungsaufgaben zu konzentrieren.

Führung in Form von Anweisungen spart zunächst Zeit. Der „Entwicklungsaufwand" ist gering, Fehlerquellen sind reduziert, jeder weiß, was zu tun ist. Mittel- und langfristig erhöht diese Form der Führung die Arbeitslast, die häufig bereits sehr hoch ist, jedoch noch weiter. Denn die Führungskraft muss sich nicht nur den Kopf über viele Detailfragen zerbrechen, sondern hat auch noch damit zu tun, die Umsetzung der Projekte zu verfolgen und sicherzustellen. Der Vorschlag, dem Mitarbeiter einfach Fragen zu stellen, wie z. B.: „Was wollen Sie im kommenden Jahr erreichen?" oder „Welche Maßnahmen wollen Sie dazu einleiten?", löst bei Führungskräften zunächst häufig folgende Befürchtungen aus: Wie lassen sich bei dieser Vorgehensweise die Ergebnisse kontrollieren? Und wie lässt sich verhindern, dass unterschiedliche Bereiche unkoordiniert arbeiten?

Hier kommt wiederum der Zeitfaktor ins Spiel: Um Zielvorstellungen abzugleichen, zu besprechen, von verschiedenen Seiten zu beleuchten, bedarf es eines Zeitraumes, der nicht geprägt ist von Hektik und Zeitdruck. Die Beteiligten benötigen die Erlaubnis, auch einmal Seitenpfade in ihren Überlegungen einzuschlagen, ohne gleich auf der nächstbesten Straße loszutraben, die vielleicht ins Abseits führt.

Was spricht dagegen, im beruflichen Alltag mit solchen Zeit-Inseln zu experimentieren? Denkbar ist beispielsweise, Mitarbeitern in bestimmten Abständen Gespräche anzubieten, die nicht von einer äußeren Agenda getrieben sind. Planungs- und Reflexionszeiten für Teams und Führungsmannschaften, möglicherweise sogar außerhalb der Firma in einem entspannten und schönen Ambiente, können die Zusammenarbeit befruchten und beleben.

Wie viel Zeit brauchen Liebespaare?

In beruflichen Partnerschaften steht die Arbeit, der produktive Zweck, im Vordergrund, und Beziehungsaspekte sind der Arbeit untergeordnet. Ehe und Familie sind der andere große Wirkungskreis neben Beruf und Karriere. Wenn heute von „Ehe" die Rede ist, so wird damit eine ganze Bandbreite unterschiedlicher Formen des Zusammenlebens angesprochen. Die Rollen von Mann und Frau haben sich enorm gewandelt und mit ihnen auch die Partnerschaft in der Ehe. Es ist jedem Paar aufgegeben, unter der Vielzahl möglicher „Modelle" das für die eigenen Bedürfnisse angemessene herauszufinden und mit Leben zu füllen. Aber auch hier sind Paare und die Familien, die sie begründen, mit der Frage konfrontiert: Wie halten wir es mit unserer Zeitgestaltung, mit dem Verhältnis von Eile und Weile im Zusammenleben?

Zu beobachten ist nämlich, wie der Stress und die Hektik des Berufslebens immer stärker den Familienalltag prägen. Berufstätige setzen den Druck und die Beschleunigung ihres Berufslebens in der Freizeit fort, weil sie verlernt haben, ihre Geschwindigkeit zu drosseln. Eine Ehe kann produktives, schnelles Miteinander gut vertragen. Aber die Partnerschaft darf sich nicht darauf beschränken. Zeiten des Gesprächs, des Miteinanders werden erst dann erfüllt, wenn sie die Möglichkeit bieten, sich aufeinander einzulassen, in Ruhe zuzuhören und den Liebespartner in seiner Situation überhaupt wahrzunehmen.

Zu den merkwürdigen, von den meisten Menschen in der westlichen Kultur geteilten Vorannahmen gehört die Vorstellung von der romantischen Liebe. Sie schlägt wie ein Blitz ein, verändert das Leben und bildet dazu noch die Grundlage von Ehe und Partnerschaft. In vielen anderen Kulturen ist es gerade umgekehrt. Die Liebe kommt erst mit der Ehe, wie der Psychologe Robert Levine berichtet: „In den meisten Kulturen glauben die Menschen an irgendeine Art von romantischer Liebe. Dabei gehen sie aber überwiegend davon aus, dass die Liebe sich nach einem Eheversprechen einstellt und nicht umgekehrt. Wie kann man schließlich jemanden wirklich lieben, ehe man aus eigener Erfahrung weiß, wie sich das Zusammenleben mit ihm gestaltet? Und ist es nicht ein bisschen lächerlich, eine lebenslange Bindung aufgrund einer emotionalen Reaktion einzugehen?"[6]

Die westliche Vorstellung von der romantischen Liebe verdeckt die Tatsache, dass die langfristig angelegte Beziehung zwischen Mann und Frau, wenn sie gelingen soll, oftmals Arbeit und Einsatz von den Beteiligten fordert, zumindest aber Engagement und Geduld. So sind sich Paare häufig zu wenig im Klaren darüber, dass ihre Beziehung der Pflege bedarf. Sie ist wie eine kostbare Pflanze, die zwar von alleine wächst und blüht, jedoch nur dann, wenn die Voraussetzungen gegeben sind: Licht, Wasser, Nährstoffe ... Die Partnerschaft fordert ebenso bewussten Einsatz, um Bedingungen gemeinsamer Blüte zu gewährleisten, sonst geht sie ein. Es lässt sich eine Situation denken, in der Mann und Frau zwar täglich zusammen sind, jedoch so beschäftigt mit Haushalt und Beruf, dass sie sich letztlich fremd werden und eines Tages getrennte Wege gehen.

Eine Liebesbeziehung benötigt sowohl Zeiten des Rückzugs jedes Partners als auch Zeiten des Miteinanders. In beiden Situationen stellt sich die Aufgabe der Verlangsamung. Folgendes Beispiel mag dies verdeutlichen:

Der leitende Angestellte, um den es hier geht, war mit seiner beruflichen Situation unzufrieden und begann im Rahmen einer Beratungssituation neue Ziele zu entwickeln. Die sich daraus ergebenden Fragen waren für ihn Anlass, sich mit seiner Frau zu unterhalten: wie sie sich beide zusammen ihr Leben in den kommenden Jahren vorstellten, welche Wohnsituation sie sich wünschten, nachdem ihre Kinder aus dem Haus gegangen sein würden usw. Zu seiner Überraschung stellte sich in den Gesprächen mit seiner Frau ein Gefühl von Verbundenheit her, das beide in der Routine des Familienalltags „vergessen" hatten. Darüber hinaus konnten sie gemeinsame neue Zukunftsvorstellungen entwickeln. Fast noch wichtiger aber war die belebende Erfahrung des gemeinsamen Gesprächs, das sie einander wieder näher brachte.

Männer sind anders, Frauen auch: Zeit gestalten in der Partnerschaft

Allerdings spielen auch in der Gestaltung gemeinsamer Zeiten Unterschiede zwischen Mann und Frau eine Rolle, die an ihre Beziehung häufig recht verschieden herangehen. Wer hat nicht schon einmal eine ähnliche Situation wie die folgende erlebt? Ein Paar, beide berufstätig, haben seit langem einmal wieder einen gemeinsamen freien Samstag und wollen zusammen einen Wochenendausflug unternehmen. Er hat voller Engagement ein Programm für die Unternehmung erstellt. Die Liste der Vorhaben ist lang. Am Zielort angekommen, hat er vor allem seine Liste im Kopf, seine Partnerin dagegen freut sich vor allem darauf, dass sie endlich wieder einmal Zeit füreinander haben. Deshalb steuert sie nach kurzer Zeit das nächste Café an, und auch im weiteren Verlauf des Ausfluges ist sie mehr an Schaufenstern interessiert und bremst immer wieder das Tempo, das ihr Partner vorlegt, um seinen Unternehmungskatalog abzuarbeiten. Er wird immer frustrierter, weil sein Programm, in das er so viel Mühe investiert hat, offenbar keine Anerkennung erfährt. Sie wird ärgerlich, weil sie für ihn Luft zu sein scheint und seine dumme Liste ihm wichtiger ist als das Zusammensein mit ihr.

Männer sind offenbar mehr auf Ziele und Aktivitäten hin orientiert, Frauen nehmen ihr eigenes Erleben stärker wahr, wollen es ausdrücken und sich mit ihrem Partner darüber austauschen. Der bekannte Paartherapeut Hans Jellouschek bemerkt dazu: „Frauen sagen manchmal: ‚Ich scheine für ihn Luft zu sein!' Oder: ‚Die Beziehung ist für ihn Luft!' Tatsächlich verhält es sich bei Männern mit Beziehungen wie mit der Luft zum Atmen. Sie ist für sie lebensnotwendig, aber unter normalen Umständen achten sie nicht auf ihre Existenz. Die Luft ist einfach da. So ist auch die Beziehung für sie ‚einfach da'. Einen Grund, darüber noch eigens zu reden, sehen sie schwer ein. Das ist für Frauen ganz anders. Für Frauen stehen Beziehungen viel mehr im Vordergrund des Bewusstseins, und darum wollen sie auch darüber reden. Dagegen ist Männern wichtiger, miteinander Dinge zu tun..."[7]

Hilfreich und befreiend ist es, wenn beide Seiten, die männliche und die weibliche, ihre spezifischen Eigenschaften in die Partnerschaft einbringen und sie so bereichern. Für die Gestaltung gemeinsamer Zeiten bedeutet dies, dass sowohl das weibliche wie das männliche Element in die Gestaltung eingeht und sich dort Raum nehmen kann. Die männliche Hinwendung zur Aktion kann neue Anregungen, Impulse, Abwechslung und auf diese Weise Lebendigkeit in eine Beziehung tragen. Die weibliche Fokussierung auf Beziehung und Zusammensein kann Nähe, Genuss und Ruhe für die Beziehung bedeuten.

Ein zentrales und wichtiges Thema jeder Paarbeziehung ist schließlich die Erotik. In ihr spiegeln sich körperliche, geistige und seelische Aspekte. Konflikte, Befindlichkeiten, Distanz und Nähe, dies und vieles mehr geht in sie ein und schwingt in der erotischen Beziehung mit. Sie ist ein empfindlicher Gradmesser für Partnerschaft, Seismograph für Krisen, Chancen und Entwicklungen, und zeitempfindlicher als alle anderen Aspekte einer Liebesbeziehung. Dringend bedarf sie Inseln zeitlosen Miteinanders, in denen Raum ist für Begegnung, Zärtlichkeit und das Entdecken gewohnter wie auch immer wieder neuer Seiten der Beziehung.

Landläufig gilt das „Entflammen" für einen Liebespartner als Inbegriff von Liebe. In Wirklichkeit ist dies jedoch häufig nur die Ausnahme, vielleicht der kleine Anfangspunkt der Liebe. Was folgt, ist bewusstes Raum geben, aktives Gestalten der Beziehung. Spontaneität und gemeinsames Wachstum in einer Liebesbeziehung brauchen Zeit. Wenn ihr diese Zeiträume nicht gewährt werden, verkümmert sie. Hilfreich können hierbei wieder Alltagsrituale sein. Sie geben Raum für Spontaneität und eigenzeitliche Entfaltung.

Regelmäßige gemeinsame Unternehmungen der Ehepartner können hierbei eine wichtige Rolle spielen. So hatte ein Ingenieur, der außerordentlichen Belastungen durch seine Führungstätigkeit ausgesetzt war, es doch geschafft, einmal in der Woche abends mit seiner Frau tanzen zu gehen. Diese Zeit gehörte nur ihnen beiden und wurde gegen familiäre und berufliche Anforderungen „verteidigt". Die gemeinsame Tanzstunde war eine Kraftquelle, aus der sie beide schöpfen konnten.

Viele gemeinsame Aktivitäten sind denkbar und richten sich nach den Vorlieben der Beteiligten: ein Kurzurlaub ohne Kinder und ohne Programm, sportliche Aktivitäten, ein Schrebergarten oder ein Wochenendhaus. Wenn Paare beruflich oder von ihrer Lebenssituation her sehr gefordert sind, können gemeinsame Rituale helfen, genussvolle Zeitinseln in einer Partnerschaft zu kreieren. Ein regelmäßiger gemeinsamer Sonntagvormittag im Bett, eine Tasse Tee oder ein Gespräch, wenn die Kinder im Bett sind, dies sind Möglichkeiten, die sich nach dem richten, was beiden Freude macht. Solange sie bewusst zelebriert werden, sind sie belebend und nährend für die Beziehung und nicht zu verwechseln mit Routine und mechanischen Gewohnheiten.

Zeit für Kinder

Kinder geben den Erwachsenen gelegentlich ein wichtiges Feedback, weil sie meist spontan ihre Erfahrung auf den Punkt bringen, während Erwachsene bereits in ihren Gewohnheiten gefangen sind. Ich erinnere mich an ein Erlebnis mit meiner Tochter, als sie ungefähr zehn Jahre alt war. Während eines Spaziergangs im Berliner Grunewald verschwand sie einfach. Voller Sorge fuhren wir Eltern schließlich nach Hause, und während wir überlegten, ob noch zu warten sei oder besser die Polizei benachrichtigt werden sollte, tauchte die Vermisste auf. Sie war alleine mit der S-Bahn zurückgefahren. Während die Erwachsenen zwischen Erleichterung und Ärger schwankten, erklärte sie trotzig, sie habe den Stress ihres Vaters und die daraus resultierende Unfähigkeit, im Gespräch wirklich „da" zu sein, satt, sie könne dann gleich alleine spazieren gehen. Ob der Protest meiner Tochter genutzt hat? Jedenfalls hat er sich nachhaltig eingeprägt.

Kinder brauchen, um glücklich zu sein und um sich mental und emotional gesund entwickeln zu können, Erwachsene, die ihnen Zeit schenken. Diese Zeit muss ungeteilt sein, so dass der Erwachsene sich auf das Kind einlassen, sich ihm zuwenden kann. Ein Kind merkt, wenn der Vater oder die Mutter angespannt sind, mit den Gedanken bei irgendwelchen Terminen und Verpflichtungen. Sie sind in dem Moment nicht wirklich „da".

Über den Zusammenhang zwischen dem modernen Tempo und dem Mangel an Zuwendung, den Kinder erhalten, schreibt der amerikanische Therapeut John Selby: „Früher war das Lebenstempo wesentlich langsamer, und die direkte Aufmerksamkeit der Erwachsenen gegenüber den Kindern wurde weniger als heute abgelenkt. (...) Heute haben wir isolierte Kleinfamilien, die in isolierten Vorstädten leben, in denen der Fernsehapparat lautstark jeden Anflug von emotionalem Familienleben übertönt. Wir haben Väter, die es immer eilig haben, von zu Hause wegzukommen, und Mütter, die auch mehr und mehr mit außerhäuslichen Dingen beschäftigt sind. Und wir haben Kinder, die nach elterlicher Zuwendung lechzen, zu wenig bekommen und sich zur emotionalen Ersatzbefriedigung in die allgemein übliche Fernsehsucht flüchten."[8]

Zu dem hier erwähnten Fernseher, an den Kinder abgeschoben werden, lässt sich der Spielecomputer hinzufügen. In der Kinderheilkunde beobachten Ärzte in den letzten Jahren einen Anstieg psychosomatisch bedingter Kopfschmerzen. Die Therapie dafür lautet „Drei große Z": Zuwendung, Zärtlichkeit und Zeit. Bei Anwendung dieser Therapie lassen die Kopfschmerzen schnell nach. Das dritte Z umfasst, wenn man will, die beiden anderen. Denn Zuwendung und Zärtlichkeit erfordern von den Eltern Zeit für die Kinder.

Für den Kontakt, den Kinder mit ihren Eltern brauchen, ist jedoch nicht nur die Länge der Zeit wichtig – obwohl sicherlich ein gewisses Quantum Zeit dafür notwendig ist –, sondern die Fähigkeit der Erwachsenen, echten Kontakt herzustellen. Das bedeutet, andere ungelöste Probleme und Verpflichtungen beiseite schieben zu können und sich auf die Welt der Kinder einzulassen. Familiäres Engagement fordert nicht nur Zeit, sondern auch Kraft. Sich auf Kinder einzulassen, kostet Energie, gleichzeitig gibt es auch Energie zurück! Wenn die Beziehung einigermaßen in Ordnung ist, dann wird das gemeinsame Fußballspiel, die Gute-Nacht-Geschichte oder das Gespräch über Erfahrungen und Sorgen aus der Schule zu einer beglückenden und inspirierenden Erfahrung für den Erwachsenen.

> R. D., Geschäftsführer im Tochterunternehmen eines Großkonzerns, hat eine zwölfjährige Tochter, die sehr sportbegeistert ist. Neben Schule und anderen Aktivitäten schafft sie es, dreimal pro Woche im Verein zu trainieren. R. D., der in der Regel erst gegen 20 Uhr oder später aus dem Büro nach Hause kommt, beschließt, seine Arbeit so umzuorganisieren, dass er seine Tochter im Verein abholen kann. Er möchte seine Tochter bei etwas, das ihr wichtig ist, unterstützen und begleiten. Er will nicht, dass ihre Jugend vorbeirauscht, während er im Büro arbeitet. Auf dem Sportplatz und der Fahrt nach Hause können die beiden miteinander reden. Innerhalb weniger Wochen kommen Vater und Tochter nicht nur miteinander ins Gespräch, sondern sich auch wieder näher. An manchen Wochenenden fahren sie gemeinsam zu einem Bundesligaspiel der Frankfurter Eintracht.

Neben eingeplanten Zeiträumen benötigt sozialer Kontakt auch Raum für Spontaneität. Ein alter Freund, der unvermutet anruft, weil er beruflich in der gleichen Stadt weilt und einige Stunden zur Verfügung hat, ein Mitarbeiter, der das Gespräch sucht, ein Kunde, der ungeplant in der Tür meines Büros steht: Im herkömmlichen Zeitmanagement fallen diese Situationen in die Schublade „Zeitdiebe". Gelegentlich tut es jedoch gut, sich Zeit stehlen zu lassen. Das Leben ist ein lebendiger Prozess und lässt sich nicht bis auf die letzte Minute verplanen.

Umgekehrt sind feste Termine und das Einplanen von Zeit-räumen für Alltagsrituale keine Feinde von Spontaneität, son-dern können sie fördern. Für Menschen in einem dichten Netz beruflicher und privater Verpflichtungen ist es wichtig, zweck-freie Zeiträume einzuplanen, die der freien Gestaltung dienen. Sie erlauben es erst, spontan zu sein, Dinge „geschehen" zu lassen und einen tieferen Kontakt mit dem anderen Menschen zu finden.

Im Wesentlichen stellt sich, unabhängig von dem jeweiligen Lebensbereich, immer wieder die gleiche Aufgabe: Bevor es möglich ist, zu einem anderen Menschen einen echten Kon-takt herzustellen, bedarf es der Wahrnehmung des anderen, seiner selbst und der Situation. Ein gemeinsamer Rhythmus ist zu finden, Menschen brauchen Zeit, sich aufeinander ein-zuschwingen. Im Eiltakt und nebenbei ist das nicht möglich. Schnelligkeit und Stress schränken die Wahrnehmung ein. Ver-langsamung garantiert zwar nicht Intensität des Kontaktes, aber sie ermöglicht sie zuallererst. Alle praktischen Vorschläge, „Zeit für andere" zu gestalten, beruhen auf dieser Idee, ob es sich dabei um Mitarbeitergespräche im Unternehmen oder wiederkehrende gemeinsame Zeiten mit dem Ehepartner und den Kindern handelt.

Übungen

1. Reflexion

Wenn Sie Mitarbeiter führen, überlegen Sie sich, wie oft Sie mit jedem einzelnen Mitarbeiter ein Mitarbeitergespräch füh-ren. Wie viel Zeit steht Ihnen in der Regel zur Verfügung? Gibt es eine Vereinbarung, in welchen Abständen Sie sich zusam-mensetzen? Wie oft werden dabei nicht-aktuelle Probleme und Projekte besprochen, sondern Fragen gestellt, wie etwa: Wel-che Aufgaben wollen Sie in den nächsten Monaten anpacken? Wie gefällt Ihnen Ihr Aufgabengebiet? Was erwarten Sie von mir an Unterstützung? Was möchten Sie verbessern?

Wenn Sie keine Personalverantwortung haben, dann überlegen Sie sich, wie oft Ihr Chef mit Ihnen ein derartiges Gespräch führt. Was können Sie tun, um solche Gespräche anzuregen? Sie können sich auch überlegen, welche vergleichbaren Fragen in der Zusammenarbeit mit Kollegen oder in einem Team Sinn ergeben.

2. Reflexion

Stellen Sie sich analoge Fragen in Bezug auf Ihren Lebensgefährten/Ihre Lebensgefährtin, Kinder und andere Menschen, die Ihnen sehr nahe stehen. Wie oft hatten Sie im letzten Monat Gelegenheit, sich in Muße im Gespräch nahe zu kommen, d. h. ohne laufenden Fernseher, ohne dass gerade im Haushalt etwas zu erledigen war? Wie oft und wie lange haben Sie, falls Sie Kinder haben, diesen Ihre ungeteilte Aufmerksamkeit geschenkt?

3. Aktion

Planen Sie mit Ihrem Ehepartner (Kind, Freund ...) ein gemeinsames Projekt, z. B. einen regelmäßigen Termin, um gemeinsam schwimmen zu gehen, Tennis zu spielen, an einem Tanzkurs teilzunehmen – etwas, was Ihnen beiden Spaß macht und was Sie aus dem normalen Alltag entführt. Behandeln Sie Ihr gemeinsames Projekt wie etwas sehr Kostbares.

Prolog 3

Naumburg, Ende Juni

Fritjof Sommer und Johannes Wissmann treffen sich in Naumburg, um von hier aus ihre Wanderung zu unternehmen. Sie haben den Dom als Treffpunkt ausgemacht. Im Schatten des mächtigen Bauwerks unterhalten sie sich unwillkürlich nur noch flüsternd, und lange bleiben sie vor den prachtvollen gotischen Statuen der Stifter des Domes stehen.

<u>Johannes:</u> *„Wusstest du, dass der Dom um 1300 erbaut wurde, also etwa zur gleichen Zeit, als in Europa die mechanische Uhr erfunden wurde!"*

<u>Fritjof:</u> *„Tja, merkwürdig, spontan hätte ich gedacht, dass das christliche Mittelalter sehr wenig mit unserem modernen Zeitverständnis zu tun hat. Und doch haben die Uhrzeit und auch das städtische Bürgertum ihre Wurzeln genau in dieser Epoche."*

Sie beschließen, vom nahe gelegenen Zisterzienserkloster Schulpforta aus die Saale entlang zu wandern. Es ist ein warmer Sommertag. Während ihr erstes Wegstück sie durch einen angenehm kühlen Laubwald führt, erkundigt sich Fritjof nach Johannes' Schulter. Der führt vor, wie beweglich sein Arm wieder geworden ist und erzählt von den Veränderungen in seinem Leben. So hat er sich überlegt, welche Dinge ihm neben seiner Arbeit wichtig sind und sich dafür bewusst Zeit genommen. Er hat wieder damit begonnen, Tennis zu spielen, ein Hobby, das in den letzten Jahren einfach eingeschlafen war. Seitdem fühlt er sich körperlich viel besser. Stolz berichtet er vom letzten Turnier seines Tennisclubs, an dem er wieder teilnehmen konnte.

<u>Fritjof:</u> *„Gratuliere! Ich freue mich, dass du Glück im Unglück hattest und deine Schulter so gut geheilt ist. Und wie es aussieht, hat der Unfall einiges bei dir in Bewegung gebracht."*

Johannes: „Das Beste kommt noch: Meine Frau und ich planen in diesem Sommer, einen alten Traum zu verwirklichen, den wir fast schon vergessen hatten. Wir gehen für drei Wochen mit einem Wohnmobil auf Reisen, ohne festes Programm und Ziel. Jeden Tag wollen wir entscheiden, wo es uns hinzieht. Ich werde nicht nur meinen Laptop zu Hause lassen, sondern auch meine Armbanduhr. Etwas ist mir nämlich bei meinen Übungen zur Kunst des Verlangsamens aufgefallen: Es reicht mir nicht, einfach nur Auszeiten zu nehmen. Ich brauche Zeiten, in denen ich ohne festes Programm meinem eigenen Rhythmus folgen kann."

Ihr Weg führt unterdessen durch einen Weinberg. Unter ihnen funkelt das Wasser der Saale in der Sonne des warmen Sommertages. Johannes und Fritjof merken, dass der Weg sie hungrig und vor allem durstig gemacht hat. Sie kehren in ein Lokal ein, und mit Blick auf das Flusstal zu ihren Füßen setzen sie ihr Gespräch fort. Viele Beispiele aus dem Alltag fallen ihnen ein, in denen Eigenzeiten eine wichtige Rolle spielen. Fritjof erinnert sich an die Pubertät seiner Tochter.

Fritjof: „Das war eine notwendige Entwicklungsphase, durch die sie hindurch musste – als Eltern konnten wir uns nur überlegen, wie wir sie in dieser Phase durch unser Verhalten unterstützen konnten bzw. was ihre Lage nur noch schwerer machen würde. Bis zu einem gewissen Grad konnten wir also auf den Verlauf der Eigenzeit unserer Tochter Einfluss nehmen."

Johannes: „Im sozialen Bereich ist es sogar sehr wichtig zu lernen, wie man mit den eigenen und den Eigenzeiten der Mitmenschen konstruktiv umgehen kann."

Fritjof erinnert sich, dass einer seiner beiden Söhne langsamer ist als der andere. Als er in der Schule das Einmaleins lernte und der Lehrer die Kinder gegen die Uhr rechnen ließ, versagte er völlig. Wenn er jedoch für eine Aufgabe Zeit hat, entwickelt er intelligente und kreative Lösungen.

Fritjof: „Es fehlt in der Schule oft der Raum und vielleicht auch die Zeit, um auf die individuellen Stärken und Besonderheiten der Kinder einzugehen. Es regiert eher eine Art Gleich-

macherei, die für die Förderung der Schüler unter Berücksichtigung individueller Eigenzeiten nicht sehr günstig ist."

Johannes: „Wir können uns ruhig an die eigene Nase fassen – in der Firma passiert es doch oft genug, dass wir uns nicht die Zeit nehmen, um über die individuellen Fähigkeiten und Voraussetzungen unserer Mitarbeiter nachzudenken!"

Nachdem sie sich auf der Terrasse des Restaurants gestärkt haben, machen sie sich auf den Rückweg nach Schulpforta.

Johannes: „Natürliche Prozesse, wie das Wachstum von Pflanzen oder das Wetter, lassen sich nur bedingt beschleunigen. Doch aufgrund der rasanten Entwicklungen in den Naturwissenschaften und der Technik erliegen wir häufig der Illusion, als ob sich so gut wie alle Abläufe beschleunigen ließen. Es fällt uns oft schwer anzuerkennen, dass sich bestimmte Entwicklungen nicht wirklich beeinflussen lassen."

Fritjof (lacht plötzlich): „Käse! Da fällt mir der Käse ein!"
Johannes blickt ihn fragend an, und Fritjof fährt fort: „Wenn ich vor der Käsetheke im Supermarkt stehe, vergeht mir meist die Lust, Käse zu kaufen. Die vielen Käsesorten sehen nicht nur ähnlich aus, sie schmecken auch so."

Johannes: „Ja, das stimmt. Ich erinnere mich in diesen Situationen immer wehmütig an manchen Italien- oder Frankreichurlaub. Dort gibt es auf den Märkten noch Käse, der in Eigenzeit reifen darf. Aber Zeit ist Geld, und die industrielle Käserei hat Methoden entwickelt, die Käsereifung zu verkürzen. Der Käse ist dann zwar relativ preiswert, aber er hat seinen individuellen Geschmack verloren. Auch das eine bedauerliche Beschleunigung ...“

In ihr Gespräch vertieft erreichen sie Schulpforta. Die Sonne steht jetzt niedriger, ihr warmes Licht liegt auf den Klinkermauern der gotische Klosteranlage. Bevor sie sich wieder auf ihren Nachhauseweg machen, kauft jeder noch zwei Flaschen Saale-Unstrut-Wein in dem Laden des Weingutes am Eingang des Klosters. „Für Zeiten des Verlangsamens und zur Erinnerung an einen Sommerspaziergang an der Saale" befinden beide zufrieden und verabreden sich zu ihrem nächsten Spaziergang im August.

3. Fremdzeit und Eigenzeit

Leben im Kontakt zur inneren Uhr

Lange Zeit galt, dass jegliches Ding seine eigene Zeit habe, seine Eigenzeit. Die Natur etwa bewegt sich in rhythmischen, d. h. immer wiederkehrenden Kreisläufen. Der Wechsel der Jahreszeiten ist dafür augenfälliges Beispiel: Dem Frühling folgt der Sommer, der Herbst und der Winter, es steht nicht in unserer Macht, nach dem Winter den Frühling ausfallen und gleich den Sommer beginnen zu lassen. Tage wechseln mit Nächten, und auch unser Leben folgt dem Wechsel von Kindheit, Jugend, Erwachsenenalter, Alter und Tod. „Ein jegliches Ding hat seine Zeit", heißt es in der Bibel, „und alles Vornehmen unter dem Himmel hat seine Stunde. Das Geborenwerden hat seine Zeit und ebenso das Sterben. Das Pflanzen hat seine Zeit und ebenso das Ernten (...)."[9]

Eigenzeiten folgen einem vorgegebenen Rhythmus, doch zugleich sind sie innerhalb dieses Rhythmus' „eigen", d.h. widerspenstig, und entziehen sich einer völligen Normierung. In jedem Jahr beginnt ein neuer Frühling, doch jedes Mal fällt er unterschiedlich aus. Die Jahreszeit kann zart und zögerlich daherkommen, oder es wird mit einem Schlage warm, und die Natur verändert ihr Gesicht dramatisch. In diesem Sinne ist jedes Jahr individuell verschieden.

Während Uhrzeit abstrakt ist und gleichgültig gegenüber dem Inhalt, mit dem Menschen sie füllen, sind Eigenzeiten konkret an die Beschaffenheit natürlicher Vorgänge oder lebendiger Organismen gebunden. Die Zeitmessung nach der Uhr ist eine kulturelle Vereinbarung zwischen den Menschen, die sich als nützlich erwiesen hat, um komplexe Prozesse zu koordinieren. Uhrzeit ist beliebig teilbar, manipulierbar. Ob der Tag in 24 oder in 100 Zeiteinheiten geteilt wird, ist von der Natur nicht vorgegeben, sondern letztlich willkürlich. Maschinelle Vorgänge können mit dem technologischen Fortschritt immer kürzer und schneller gestaltet werden, lassen sich in immer kleineren Zeiteinheiten unterbringen. Eigenzeiten dagegen, die von der natürlichen Beschaffenheit eines Organismus abhängig sind, lassen sich nicht beliebig beschleunigen.

Drei Arten von Eigenzeiten: Biologische, emotionale und soziale Eigenzeit

Man kann drei Arten von Eigenzeiten unterscheiden: biologische, emotionale und soziale Eigenzeiten.

Was ist unter der biologischen Eigenzeit zu verstehen? Dazu einige Beispiele: Eine Elefantenkuh benötigt ca. 22 Monate, um ihr Elefantenbaby auszutragen, eine Henne muss 21 Tage brüten, bevor ihre Küken ausschlüpfen. Eine kalifornische Riesensequoie wird 100 Meter hoch und bis zu 4000 Jahre alt, eine Kamillepflanze keimt, blüht und stirbt innerhalb eines Jahres. Der Spross eines Riesenbambus im botanischen Garten kann zwei Meter pro Tag in die Höhe wachsen, die Riesensequoie hat nach 100 Jahren noch nicht einmal die Hälfte ihrer Höhe erreicht.

Lebendige Organismen folgen einer inneren Uhr, die je nach Spezies ganz unterschiedlich sein kann. Inzwischen gibt es eine eigene wissenschaftliche Disziplin, die Chronobiologie, die sich der Erforschung biologischer Eigenzeiten widmet. Manche ihrer Ergebnisse führen dazu, dass Ärzte und Patienten bei der Einnahme von Medikamenten umdenken müssen: Empfehlungen wie „dreimal täglich eine Tablette" sind oft nicht optimal, da sie die individuellen Rhythmen körperlicher Funktionen wie Blutdruck, Temperatur und die Konzentration körpereigener Wirkstoffe, wie z. B. der Hormone, nicht berücksichtigen. Diese jedoch beeinflussen den Verlauf von Erkrankungen und die Wirkung von Medikamenten nachhaltig. Dazu ein Erfahrungsbericht:

„(Bei meinem zweiten Klinikaufenthalt) glaubte ich bei dem behandelnden Arzt zunächst Unsicherheit zu bemerken. Er verabreichte mir Medikamente zu verschiedenen Zeiten, beobachtete, überprüfte, bis er eines Tages meinte, den richtigen Zeitpunkt gefunden zu haben. Nämlich jenen, bei dem man mit der niedrigsten Dosis die höchste Wirkung erreichen konnte. Tatsächlich konnte er sie gegenüber meinem ersten Aufenthalt erheblich senken und einen besseren Genesungserfolg erzielen. Ich bin ihm für seine Sorgfalt sehr dankbar, und darüber hinaus hat er mir die Augen für meine Eigenzeit geöffnet."[10]

Es ist nicht auszuschließen, dass mit dem Fortschritt der Gentechnologie die Menschen in der Lage sein werden, biologische Eigenzeiten zu verändern. Derzeit gilt jedoch noch das Sprichwort aus der Toskana: „Du kannst noch so oft an der Olive zupfen, sie wird deshalb nicht früher reif."

Was ist nun unter der emotionalen Eigenzeit zu verstehen? Auch die Gefühle, angenehme wie unangenehme, die uns ein Leben lang begleiten, haben ihre eigene Zeit. Und so wie biologische Eigenzeiten lassen sie sich nicht beliebig manipulieren. Man kann sich zwar vornehmen, sich nicht zu ärgern oder nicht mehr traurig zu sein. Erfahrungsgemäß hilft das jedoch wenig, die Gefühle kommen zurück. Auch wenn Verstand und Wille ihnen keinen Raum zugestehen wollen, sie nehmen ihn sich.

Wer sich einmal von einem geliebten Menschen verabschieden musste, hat auch erfahren, wie ihn die Trauer, die zu einem Abschied gehört, immer wieder einholte. Wir gewinnen im Laufe unseres Leben viel Neues, und von manchem Alten müssen wir uns verabschieden: von Lebensabschnitten, Freunden, Kollegen, geliebten Menschen. Zum Leben gehören Verluste wie der Schatten zum Sonnenlicht.

A. S., Krankenschwester, berichtet von Phasen in ihrem Leben, in denen sie ein Gefühl von Traurigkeit „angeweht" habe, ohne dass sie einen bestimmten Grund dafür in ihren aktuellen Lebensumständen erkennen konnte. Es sei ihr gelungen, dieses Gefühl anzunehmen als etwas, das irgendwie zu ihr gehöre. Obwohl es ihr nicht leicht gefallen sei, habe sie die Traurigkeit nicht verdrängt oder überspielt und sei von diesem Gefühl einige Tage begleitet worden. Als sie dann eines Tages aufwachte, sei das Gefühl überraschend weg und nur noch eine Erinnerung gewesen. Sie habe sich danach voller Energie und frisch gefühlt.

Seelische und emotionale Prozesse, wie zum Beispiel Trauer, durchlaufen eine Eigenzeit, der Raum und Zeit gewährt werden muss und die sich nicht beliebig manipulieren und verkürzen lässt. Solche Eigenzeiten sind von Mensch zu Mensch verschieden. Gefühle, wie z. B. Schmerz und Trauer können heilen und zum Abschluss kommen, wenn ihnen ihre eigene Zeit zugestanden wird, ihre Verdrängung dagegen verlängert und verhindert die Gesundung.

Aber auch Freude und Genuss brauchen Zeit. Wer sich bis zur letzten Minute in beruflicher Anspannung befindet, kann sich nicht in dem Moment, in dem er sich auf dem Sitz des Ferienfliegers niederlässt, zu freuen beginnen. Auch die Freude erfordert, sich auf sie einzulassen, damit sie sich entfalten kann. Der Wechsel von einem Abschnitt zum anderen bedarf der Übergänge. Das Wissen um die Notwendigkeit von Übergängen mag folgende Anekdote illustrieren: Ein europäischer Forscher bewegt sich auf seiner Afrikaexpedition mit Eilmärschen vorwärts. Mit ihm zieht ein ganzer Tross von Trägern, Übersetzern und anderen Bediensteten. Nach drei Tagen allerdings, als er morgens aufbrechen will, bemerkt er, dass sein gesamter Tross keinerlei Anstalten macht, zu packen und loszuziehen. Seine kleine Karawane lagert müßig unter schattenspendenden Bäumen. Als er ungeduldig zur Eile drängt, erklären ihm die Dolmetscher, an Reisen sei heute nicht zu denken. Halb ärgerlich, halb ungläubig, ob er richtig verstanden habe, fragt er nach dem Grund der Verzögerung. Sie seien in den letzten Tagen so schnell gereist, dass ihre Seelen nicht hätten Schritt halten können, lautet die Antwort. Sie müssten jetzt ein bis zwei Tage warten, um ihre Seele nachkommen zu lassen.

Welcher Reisende, der mit dem Flugzeug zu Geschäftster-
minen unterwegs war, hat sich nicht schon einmal gewünscht,
seiner Seele Zeit zu geben, um auch am Ort der Besprechung
anzukommen? Die Begriffe mögen andere sein, die Erfahrung
jedoch ist vertraut, dass nämlich in einem straff organisierten
Arbeitstag die Zeit oft fehlt, sich auf eine neue Situation, eine
neue Aufgabe einzustellen.

Wie verhält es sich schließlich mit den sozialen Eigenzeiten? Sind nicht soziale Beziehungen von Menschen geschaffen
und daher von biologischen und emotionalen Prozessen zu
unterscheiden? Menschen folgen im Kontakt miteinander
auch einer inneren Uhr. Auf eine sehr hübsche und poetische
Art beschreibt Antoine de Saint Exupéry in seinem Buch „Der
kleine Prinz" die Eigenzeit, die es braucht, einen Freund zu gewinnen:

> „Bitte ... zähme mich!" sagte der Fuchs zum kleinen Prinzen.
>
> „Ich möchte wohl", antwortete der kleine Prinz, „aber
> ich habe nicht viel Zeit. Ich muss Freunde finden und viele
> Dinge kennen lernen."
>
> „Man kennt nur die Dinge, die man zähmt", sagte der
> Fuchs. „Die Menschen haben keine Zeit mehr, irgend etwas
> kennen zu lernen. Sie kaufen alles fertig in den Geschäften.
> Aber da es keine Kaufläden für Freunde gibt, haben die Leute
> keine Freunde mehr. Wenn du einen Freund willst, so zäh-
> me mich!"
>
> „Was muss ich da tun?" sagte der kleine Prinz.
>
> „Du musst sehr geduldig sein", antwortete der Fuchs.
> „Du setzt dich zuerst ein wenig abseits von mir ins Gras.
> Ich werde dich so verstohlen, so aus den Augenwinkeln, an-
> schauen, und du wirst nichts sagen. (...) Aber jeden Tag wirst
> du dich ein bisschen näher setzen können."[11]

Soweit ist der kleine Prinz von der Realität großer Wirtschafts-
betriebe nicht entfernt – benötigt doch der Mitarbeiter Zeit,
sich auf einen neuen Vorgesetzten einzustellen, und der Vorgesetzte braucht Zeit, das Vertrauen seiner Mitarbeiter zu ge-

winnen. Oft verdeckt die Fokussierung auf die fachlichen Aufgaben den Blick dafür, dass Unternehmen ein lebendiges Geflecht sozialer Beziehungen sind. Deren Eigenleben können die Zusammenarbeit befördern oder behindern. Dass der Aufbau funktionierender Zusammenarbeit nicht zuletzt auch Zeit benötigt, wird von den Verantwortlichen oft unterschätzt.

Im Vertrieb gibt es den Begriff der „mehrstufigen Akquisition". Gemeint ist damit eine wiederholte Kontaktaufnahme des Vertriebsmitarbeiters mit einem potentiellen Kunden. Die Erfahrung bestätigt, dass durch die wiederholten Kontakte Vertrauen auf der Kundenseite wachsen kann, das ihn schließlich veranlasst, einen ersten Auftrag zu vergeben.

Neben dem spontanen Wirken sozialer Eigenzeiten gibt es einen weiteren Aspekt zu beobachten: Kulturen schaffen zeitliche Verbindlichkeiten und Zeitrituale, in denen seelische und emotionale Eigenzeiten eine Form finden. Sie binden den Menschen in ein Netz zeitlicher Regeln und Normen ein. Im besten Fall bieten diese Normen einen Rahmen und damit Unterstützung für das Individuum. Sie können aber auch zur Zwangsjacke werden, wenn die individuelle Entwicklung völlig anderen Rhythmen folgt, als dies gesellschaftlich gefordert ist.

Es ist z. B. noch gar nicht so lange her, dass nach dem Tod des Ehepartners eine Trauerzeit üblich war, die äußerlich durch schwarze Kleidung oder durch eine schwarze Binde markiert wurde. Die Trauerzeit ist Ausdruck des Wissens darum, dass es sich bei der „Trauerarbeit" um eine seelische Eigenzeit handelt, die eines eigenen Zeitraumes bedarf.

Aber auch regelmäßig wiederkehrende Feiertage, Feste und nicht zuletzt der Sonntag als Feiertag öffnen Räume sozialer Eigenzeit. Das Gleiche gilt für die „Zwischenräume" produktiver Tätigkeit, d. h. Pausen und Gespräche zwischendurch. Doch wie schwer es soziale Eigenzeiten inzwischen haben, sich gegen moderne Zeitnot zu behaupten, beleuchtet folgender Zeitungsbericht: „Unter all den Besonderheiten Amerikas ist das Zelebrieren der Mittagspause gewiss nicht die bedeutendste, aber sie fällt auf. ,Lunch-hour' heißt leere Büros und volle Restaurants. Ein Privileg wird genossen, das irgendwie unamerikanisch scheint. Statt Eifer und Eile diktieren ein paar Stunden lang Muße, Gespräche, vielleicht sogar Genuss das Tagesprogramm. Kurz, zu Mittag gönnen sich die Amerikaner was, zumindest die mit weißem Kragen. Laut Washington Post geht es mit diesem Ritual zu Ende. In einem langen Aufsatz lässt das Blatt Sekretärinnen, Kaufleute, Beamte zu Wort kommen, die sich ein geruhsames Mittagessen nicht mehr leisten können. Sie klagen über Mangel an Zeit und wachsenden Leistungsdruck. Wo bisher Pause vom Büro war, gilt deshalb die Devise, lieber am Schreibtisch zu bleiben."[12]

Der Wechsel von der inneren zur äußeren Uhr

Durch alle geschichtlichen Epochen hindurch passten sich die unterschiedlichen Kulturen den Zeiten, die von der Natur gegeben waren, an, wie auch andere Lebewesen sich ihnen anzupassen hatten, wenn sie überleben wollten. Die Geschichte der letzten 150 Jahre ist jedoch die Geschichte zunehmender Unterwerfung der vielen Eigenzeiten – jedenfalls soweit es die Menschen selber betrifft – unter das Diktat eines einheitlichen äußeren Rhythmus. Dieser wird von der Uhr zuverlässig und einheitlich gemessen. Gesellschaftliche und wirtschaftliche Gegebenheiten bestimmen, was wann zu tun ist. Fahrpläne erfordern Pünktlichkeit von ihren Fahrgästen, Arbeitszeitordnungen bestimmen den Tagesablauf der Berufstätigen, die pünktliche Lieferung der Materialien innerhalb eines komplexen Produktionsprozesses ist notwendige Bedingung seines Gelingens.

Ein Künstler, der diese Unterwerfung unter die Zeit unvergesslich in Bilder gefasst hat, ist Charly Chaplin. In seinem Film „Moderne Zeiten" beschreibt er die Unterwerfung der individuellen Rhythmen unter jene der Maschine und des Kapitals. Wenn das Band, an dem er in einer Fabrik arbeitet, schneller läuft, müssen alle schneller arbeiten, und wenn der Arbeiter eine individuelle Zigarettenpause auf der Toilette zu erschleichen versucht, erscheint „Big Brother" an der Wand und treibt ihn zurück ans Fließband. Er unterwirft sich dem Takt der

Maschine, bis er nicht mehr abschalten kann – vertraute Erfahrung – und Knöpfe an Damenkostümen wie Schrauben festdrehen will. Schließlich wird er, zwischen riesigen Zahnrädern eingeklemmt, von der Maschine erfasst: Die Fabrik frisst den Menschen.

Noch fehlen solche eindrucksvollen Bilder für die Beschleunigung aller Abläufe im Computerzeitalter, doch das erdrückende Gewicht äußerer Rhythmen gegenüber individuellen Eigenzeiten, welches seinen Ausdruck darin findet, dass alles Denken und Planen in den Kategorien der Uhrzeit stattfindet, ist dem Europäer des ausgehenden 20. und beginnenden 21. Jahrhunderts zur Selbstverständlichkeit geworden. Deshalb sei hier eine Stelle aus Goethes *Italienische Reise* zitiert, die deutlich macht, wie dramatisch sich unser Zeitbegriff verändert hat. Über seinen Aufenthalt in Verona schreibt Goethe: „In einem Lande, wo man des Tages genießt, besonders aber des Abends sich erfreut, ist es höchst bedeutend, wenn die Nacht hereinbricht. Dann hört die Arbeit auf, dann kehrt der Spaziergänger zurück, der Vater will seine Tochter wieder zu Hause sehen, der Tag hat ein Ende (...). Wie hier die Nacht eintritt, ist der Tag entschieden vorbei, der aus Abend und Morgen bestand, vier und zwanzig Stunden sind verlebt, eine neue Rechnung geht an, die Glocken läuten, der Rosenkranz wird gebetet, mit brennender Lampe tritt die Magd in das Zimmer und spricht: Felicissima notte. Diese Epoche verändert sich mit jeder Jahreszeit, und der Mensch, der hier lebendig lebt, kann nicht irre werden, weil jeder Genuss seines Daseins sich nicht auf die Stunde, sondern auf die Tageszeit bezieht. Zwänge man dem Volke einen deutschen Zeiger auf, so würde man es verwirrt machen, denn der seinige ist innigst mit seiner Natur verwebt. Anderthalb Stunden, eine Stunde vor Nacht, fängt der Adel an auszufahren. Es geht auf den Bra, die lange breite Straße nach Porta Nuova zu, das Thor hinaus, an der Stadt hin, und wie es Nacht schlägt, kehrt alles um. Theils fahren sie an die Kirchen, das Ave Maria della sera zu beten, theils halten sie auf dem Bra, die Cavaliers treten an die Kutschen, unterhalten sich mit den Damen, und das dauert eine Weile; ich habe das Ende nie abgewartet, die Fußgänger bleiben bis weit in die Nacht."[13]

Wenn in diesem schönen, von Goethe entworfenen Bild der Abend anbricht, dann ist der Tag „entschieden" vorbei. Der Genuss des Feierabends richtet sich nach dem Rhythmus der Sonne und der Jahreszeit. Gleichzeitig drückt sich in den hier beschriebenen Abläufen eine Verbindlichkeit aus, die für die Beteiligten selbstverständlich ist. Bis hin zum Abendgebet hat der Tag eine zeitliche Struktur, die von „dem Volke" geteilt wird.

Das, was Goethe vorhersah, nämlich dass die Umstellung vom italienischen auf den deutschen Zeiger das Volk verwirren würde, wird in einem anderen zeitgenössischen italienischen Dokument anschaulich beschrieben: „Wir sind unglaublich durcheinander geraten. Seit drei Monaten gibt es in Parma niemanden mehr, der wüsste, wie spät es ist. Seit Gott die Welt erschaffen hat, ist die Sonne immer eine halbe Stunde nach der 23ten untergegangen, und um die 24te betete man immer das Angelus; jeder ehrbare Mensch wusste, dass man zu dieser Zeit die Kerze anzündet. Jetzt kennt man sich nicht mehr aus. Die Sonne ist verrückt geworden: jeden Tag geht sie zu einer anderen Zeit unter. Unsere Bauern wissen nicht mehr, wann sie zum Markt kommen sollen. Man nennt das eine Regelung, aber wissen sie wozu? Weil jedermann weiß, dass man um 12 Uhr zu Mittag isst. Schöne Regelung! Zur Zeit der Farnese aß man, wenn man Hunger hatte, und das war viel gescheiter."[14]

In der „italienischen" Stundenzählung zu Goethes Zeit begann die erste Stunde des Tages mit dem Sonnenaufgang. Dadurch verschob sich die erste und folglich alle weiteren Stunden des Tages monatlich um eine ganze Stunde. Die Stundenzählung folgte in Italien zu dieser Zeit dem natürlichen Rhythmus der Sonne. Bei der „deutschen" Uhr dagegen beginnt die erste Stunde des Tages immer um Mitternacht, so, wie wir es heute noch gewohnt sind. Die Stundenzählung bleibt winters wie sommers dieselbe, dadurch findet jedoch der Sonnenauf- und -untergang täglich zu einer anderen Uhrzeit statt.

Genauer betrachtet liegt zwischen den in den beiden Zitaten beschriebenen Zuständen der Übergang in eine neue Epoche: In der alten richtet sich die Stundenzählung und damit der Rhythmus des Tages nach dem jahreszeitlichen Wechsel des Sonnenauf- und -untergangs. In der neuen Epoche gilt die über das ganze Jahr hinweg gleichmäßige Stundenzählung als Maßstab, die Gezeiten der Sonne werden als Variablen der immer gleich gehenden Uhr ausgedrückt. Die Verwirrung und der Ärger der Zeitgenossen über diesen tief greifenden Wechsel ist durchaus verständlich, auch wenn sie heute als Dokument einer untergegangenen Epoche erscheinen, das zum Schmunzeln anregt.

Die gesellschaftlichen Verbindlichkeiten, die dem Leser in Goethes Italienreise begegnen, werden heute durch einen immer weiter fortschreitenden Individualismus abgelöst. Nicht die Dorfglocke läutet den Feierabend ein, sondern jeder muss selber für sich entscheiden, wann und wie sein Feierabend beginnt. Dabei sitzt ihm allerdings häufig der Zwang im Nacken, die eigene Zeit nur ja produktiv zu nutzen.

In der modernen Industriegesellschaft hat der Mensch gelernt, sich den vorgegebenen äußeren Rhythmen immer weiter anzupassen und Eigenzeiten weitgehend zu ignorieren. Unter der Oberfläche jedoch schwelt der ungelöste Konflikt zwischen Eigenzeiten und vorgegebener Zeit weiter. Wo der Gegensatz zwischen Eigenzeit und den äußeren Anforderungen eines normalen Erwerbstätigen manifest wird, fällt die Entscheidung meist zugunsten letzterer.

Die Sucht nach der schnellen Lösung

Der Zwang, unter dem Diktat äußerer Zeitvorgaben immer schnell, immer produktiv zu sein, möglichst schnell etwas zu bewirken, hat ein für unsere Zeit typisches Phänomen hervorgerufen: die Sucht nach der schnellen Lösung. Wenn wir Fieber oder Kopfschmerzen haben – schnell eine Tablette nehmen und weg damit. Dass Krankheit oder Schmerz manchmal gemahnen, am eigenen Leben etwas zu ändern, wer mag sich darauf einlassen?

In allen Bereichen des Privat- wie des Berufslebens begegnen wir dieser Sucht. Wenn Mitarbeiter ungenügende Leistungen zeigen, wird schnell ein zweitägiges Seminar gebucht, danach hat alles zu laufen. Für eine differenzierte Ursachenforschung, die berücksichtigt, dass solche Situationen komplexer sind, als es auf den ersten Blick scheinen mag, und Missverständnisse, Führungsfehler, Demotivation eine Rolle spielen mögen, fehlt oft die Zeit und der Wille.

Während auf dem Felde der Psychotherapie „Kurzzeittherapien" Hochkonjunktur haben, gibt es auf dem Gebiet der Weiterbildung „Motivationsveranstaltungen", auf denen gleich für Tausende von Teilnehmern im eintägigen Schnelldurchgang Lebenshilfe angeboten wird. In Werbebroschüren kommen Teilnehmer solcher Kurzseminare zu Wort, die beglückt berichten, wie sich ihr gesamtes Leben, beruflich wie privat, zum Besseren gewendet hat. Mag sein, dass die magischen Praktiken unserer Vorfahren hier fröhliche Urständ feiern. Auf jeden Fall liegt solch vermeintlicher Lebenshilfe das Bild eines Maschinenmenschen zugrunde, der, wird nur am richtigen Hebel gedreht, in kurzer Zeit beliebig manipulierbar ist.

Viele betriebliche Veränderungen geraten in Schwierigkeiten oder scheitern ganz, wenn mechanistisch gedacht und von oben her verordnet wird, ohne den beteiligten Menschen eigene Zeit zu geben, sich mit den Veränderungen auseinander zu setzen. Sich auf die Eigendynamik solcher Prozesse einzulassen, erfordert von den Verantwortlichen ein Minimum an Wahrnehmungsfähigkeit und die Bereitschaft, eigenzeitlichen Prozessen überhaupt Raum und Zeit zuzugestehen. Langsameres Vorgehen erweist sich in diesen Fällen gelegentlich als das, was schneller zum Ziel führt.

Neu installierte Projektgruppen z. B. stehen häufig unter dem Druck, möglichst schnell produktiv zu werden und Ergebnisse zu liefern. Die Erfahrung zeigt jedoch immer wieder, dass Teambildung ein eigenzeitlicher Prozess ist, der gewisse Phasen durchlaufen muss, bevor das berühmte „Hochleistungsteam" entstehen kann. Ohne stürmische Phase, in der Macht, Grenzen und Möglichkeiten der Zusammenarbeit unter den Teammitgliedern erkundet werden, gibt es keine Hochleistungen. Untersuchungen haben gezeigt, dass Teams, die zu Beginn ihrer Zusammenarbeit Zeit investieren, um ihre eigenen Voraussetzungen zu klären, wie etwa Zielsetzung, Arbeitsweise und Spielregeln, anschließend sehr viel effizienter und für die Teilnehmer befriedigender arbeiten können. Teams, die meinten, diese Zeit einsparen zu können, werden in der Regel von diesen Fragen später wieder eingeholt, ihre Zusammenarbeit wird behindert, solange sie nicht geklärt sind. Immer wieder stellt sich also die Frage, inwieweit betriebliche Prozesse einem Maschinenmodell vom Menschen folgen oder die Führungskräfte bereit sind, eigenzeitlichen Entwicklungen ihrer Mitarbeiter Zeit zu gewähren.

Wege zu mehr Eigenzeit

Gibt es neben der vollständigen Unterwerfung aller sozialen Prozesse unter die Uhrzeit eine realistische Alternative, die uns einen Ausweg aus der immer weiter fortschreitenden Beschleunigung bietet? Oder hat der Ruf nach Eigenzeitlichkeit etwas rührend Hinterwäldlerisches, gänzlich Lebensfremdes? Tatsache ist, dass Wirtschaftsunternehmen auf höchste Effizienz nicht verzichten können. Für die Beteiligten sind die Konsequenzen oft jedoch physisch und psychisch untragbar.

Ein Lösungsansatz liegt in dem bewussten Wechsel zwischen zeitweiligem Ausstieg aus der normalen Geschwindigkeit in die Langsamkeit und der anschließenden Rückkehr in „normal beschleunigte" Abläufe. Wie in dem Bericht Goethes zu sehen war, halfen den Menschen seinerzeit bei der Strukturierung des Normalarbeitstages gesellschaftliche Rituale. Sie markierten Perioden der Einkehr und des Innehaltens, wie z.B. den Spaziergang vor die Tore der Stadt oder das abendliche Gebet in der Kirche. Diese von der Mehrheit der Menschen geteilten Rituale existieren heute nicht mehr. Es besteht jedoch die Möglichkeit, sich selber Rituale zu schaffen. Dazu zwei Beispiele:

K. S., Leiter des Rechnungswesens, hat sich angewöhnt, jeden Abend, wenn er von der Arbeit heimkehrt, als erstes seinen Jogginganzug anzuziehen und eine halbe Stunde durch den Wald zu laufen. Während der Zeit gewinnt er Abstand von den Problemen seiner Arbeit, sein Kopf wird frei, und die körperliche Anstrengung hilft ihm, den Stress, der sich in ihm tagsüber ansammelte, abzubauen. Der abendliche Lauf ist ihm zur selbstverständlichen Gewohnheit geworden wie das abendliche Zähneputzen. Danach kann er seinen Feierabend genießen.

P. M., Entwicklungsingenieur, ist jünger als sein Kollege aus dem Rechnungswesen. Er hat zwei kleine Kinder im Vorschulalter, und wenn er nach Hause kommt, nimmt er sich als erstes eine Stunde Zeit, um mit seinen Kindern zu spielen. Er liegt mit ihnen auf dem Boden, baut, redet, schmust mit seinen Kindern. Auch dies ist ein von allen Beteiligten fest etabliertes Ritual, das ihm hilft, zu Hause anzukommen, von der Arbeit Abstand zu gewinnen und die Beziehung zu seinen Kindern zu intensivieren.

Zeitinseln, wie sie hier beschrieben sind, schaffen Raum für Eigenzeit. Eine schnelle Lösung, die sich manch einer in Bezug auf das Verhältnis von Eigen- und Fremdzeit wünschen mag, ist damit allerdings noch nicht automatisch gegeben. Vielmehr muss der Wechsel zwischen den individuellen Rhythmen der Eigenzeiten und den von Effizienzansprüchen geprägten Fremdzeiten immer wieder neu gefunden werden. Rituale, Gewohnheiten in Form von offenen Zeiträumen, die fest in den Normalarbeitstag eingeplant werden, sind dabei oft hilfreich. Je öfter, je bewusster solche Wechsel praktiziert werden, umso selbstverständlicher und einfacher werden sie. Sie erfordern, dass man sich selbst in seiner Situation wahrnimmt, also in Kontakt zu sich selbst ist.

Ein weiterer Lösungsansatz liegt in der Neugestaltung von Übergängen. Häufige und abrupte Übergänge von einer Aufgabe zur anderen gehören zu den wichtigsten Ursachen von Beschleu-

nigung im Alltag und verhindern, dass man sich auf eigenzeitliche Prozesse einstellen kann. Wir leben nicht in Afrika
und sind es nicht gewohnt, wie in der zuvor erwähnten Anekdote, auf die nachkommenden Seelen zu warten. Trotzdem
können wir auch in unserer heutigen Welt lernen, wie man mit
Übergängen besser umgehen kann, wie das folgende Beispiel
zeigt. D. C., Berliner Architekt, beschreibt seine Erfahrung so:

„Vor einigen Jahren gab es einen Punkt, an dem ich unter
ständigem Zeitdruck fast zusammenbrach. Mir wurde klar,
dass ich an meinem Leben etwas ändern musste, da sich be-
drohliche körperliche Symptome bemerkbar machten. Neben
den Veränderungen in meinem Büro, die ich einleitete, be-
merkte ich einen Aspekt in meiner Terminplanung, der mich
permanent unter Zeitdruck setzte: die punktgenaue Planung.
Wenn ich um 11 Uhr einen Termin hatte, bemühte ich mich,
Punkt 11 Uhr dazusein, um die Zeit davor maximal zu nutzen. Hatte ich eine Besprechung mit dem Bauleiter einer
Baustelle, kam ich erst in letzter Minute und stand bei jeder roten Ampel und jedem Verkehrshindernis unter Strom,
weil ich die Fahrzeit so knapp wie möglich kalkuliert hatte.
Selbst wenn ich mit meiner Frau eine Theaterkarte hatte,
kamen wir so spät, dass die Parkplatzsuche eine hektische
Angelegenheit wurde und wir unsere Mäntel im Dauerlauf
zur Garderobe bringen mussten, weil es bereits klingelte.
Heute mache ich es genau umgekehrt: Ich plane immer,
einige Minuten früher da zu sein. Vor einer Besprechung habe ich so Zeit, mich auf die Tagesordnung und die beteiligten Menschen einzustellen. Im Theater kann ich die Auf-
führung vom ersten Akt an genießen und muss nicht erst
meinen Adrenalinspiegel abbauen. Wenn ich fliegen muss,
bin ich so zeitig am Flughafen, dass ich vor dem Abflug noch
eine Tasse Tee trinken und die Zeitung lesen kann. Ich habe
nicht den Eindruck, dass ich dadurch unproduktiver geworden bin – im Gegenteil! Das wichtigste Ergebnis für mich
ist allerdings, dass ich nicht mehr ständig unter Hochdruck
stehe, sondern sehr viel ruhiger und gelassener lebe."

Das heutige Zeitdenken ist in den Kategorien der Uhrzeit befangen und hat die Besonderheiten eigenzeitlicher Prozesse aus dem Auge verloren. Der Mensch ist in der modernen Gesellschaft selbst zu einem „ökologischen" Problem geworden, das darin besteht, den Konflikt zwischen dem inneren Rhythmus der verschiedenen Eigenzeiten und den Geschwindigkeitsanforderungen moderner Arbeits- und Lebensbedingungen auszugleichen. Wie in der Ökologie liegt die Lösung weder in einem einfachen „Zurück zur Natur" noch in einem „Alle Macht der Technik". Die Lösung liegt darin, die Möglichkeiten der Uhrzeit zu nutzen, ohne sie zu verabsolutieren. Es gilt zu lernen, eigenzeitlichen Prozessen wieder mehr Beachtung zu schenken, ihnen bewusst Zeit-Räume zu gewähren und das Denken und die Wahrnehmung in den Kategorien der Uhrzeit zu relativieren.

Übungen

1. Reflexion

Eine Maschine kann beschleunigt werden. Geschäftsabläufe können beschleunigt werden. Eigenzeiten lassen sich nur bedingt beeinflussen, sie folgen einem inneren Rhythmus. Es gibt biologische, soziale und emotionale Eigenzeiten. So ist es wenig sinnvoll, einer Elefantenkuh zu sagen, sie solle ihr Baby doch schneller, z. B. in nur 16 Monaten, austragen. Im Arbeitsalltag sind solche Anforderungen jedoch keineswegs ungewöhnlich.

Bitte denken Sie über folgende Fragen nach: Welche eigenzeitlichen Prozesse fallen Ihnen in Ihrem Arbeitsbereich ein? Wie viel Raum wird Ihnen gewährt? Welche Beispiele fallen Ihnen ein, wo durch die Nichtbeachtung von Eigenzeiten Dinge schief gelaufen sind? Welche Ideen haben Sie, um mit Eigenzeiten künftig angemessener umzugehen: a) privat auf Sie selbst bezogen, b) privat mit anderen, c) beruflich auf Sie selbst bezogen, d) beruflich mit anderen?

2. Aktion

Unser Zeitempfinden ist so stark von der Uhr geprägt, dass es zunächst ungewohnt ist, sich Zeitinseln zu schaffen, die den eigenen, inneren Rhythmen folgen.

Um mit dem eigenen Rhythmus wieder besser in Kontakt zu kommen, ist es sinnvoll, sich Momente uhrloser Zeit zu schaffen. Legen Sie einfach Ihre Uhr ab, um sich alleine Ihrem inneren Rhythmus anzuvertrauen. Zu Beginn wird es für Sie einfacher sein, dies während Ihrer Freizeit oder der Ferien zu praktizieren. Seien Sie geduldig mit sich, wenn Sie den Impuls verspüren, sich nach der Uhr zu richten. Wichtig ist, dass Sie an diese Übungen spielerisch und genießerisch herangehen. Es geht wirklich nicht um eine zusätzliche Leistung, die Sie erbringen sollen, sondern um spielerisches Einüben einer Kunst, deren Beherrschung Ihnen mehr Lebensfreude erlaubt.

Erheben Sie einen Tag zum Flexibilitätstag. Machen Sie keine Zeitplanung. Treffen Sie keine Verabredungen. Legen Sie Ihren Terminplaner und die Liste der zu erledigenden Aufgaben zur Seite. Stimmen Sie an diesem Tag Ihren Terminkalender mit niemanden ab. Handeln Sie nur aus dem zeitlosen Jetzt heraus und reagieren Sie auf den Augenblick und Ihre Intuition. Am Anfang fühlen Sie sich vielleicht wohler, wenn Sie dazu einen Tag am Wochenende wählen. Es muss auch nicht gleich ein ganzer Tag sein, Sie können auch mit einem Vor- oder Nachmittag beginnen.[15]

Prolog 4

Kassel, im August

Fritjof Sommer und Johannes Wissmann treffen sich diesmal in Kassel, um sich die Ausstellung „Die Geburt der Zeit" anzuschauen und dabei ein wenig über die Geschichte des Zeitverständnisses und der Zeitmessung zu erfahren. Lange wandern die beiden Freunde beeindruckt durch die Räume des Fridericianums. Schließlich bleiben sie vor einer ägyptischen Wasseruhr stehen, einem großen Alabastergefäß, mit dem bereits vor 3 500 Jahren die Stunden durch den langsamen Ablauf des Wassers durch ein Loch im Boden gemessen wurden. Jeder der zwölf Monate hat eine eigene Stundenskala mit unterschiedlich großen Abständen.

Johannes: „Wieso sind die Abstände, mit denen die Stunden gemessen wurden, unterschiedlich groß?"

Fritjof: „Stunden, die gleich lang sind, gibt es erst seit Erfindung der mechanischen Uhr, d.h. seit ca. 600 Jahren. Vorher teilte man die Zeit zwischen Sonnenauf- und Sonnenuntergang einfach in zwölf Einheiten auf, unabhängig von der Tageslänge. Dadurch waren die Stunden im Sommer lang, im Winter dagegen kurz."

Johannes: „Gibt es noch Exemplare dieser ersten Uhren? Lass uns doch mal danach suchen." Sie finden tatsächlich eine Nürnberger Wanduhr aus dem 15. Jahrhundert und bestaunen das einfache, etwa einen halben Meter hohe Gerät, das wie alle Uhren der ersten Jahrhunderte nur einen Stundenzeiger besitzt. „Kaum zu glauben, welche Entwicklungen dieser einfache Mechanismus in unserer Kultur angestoßen hat", sind sich die beiden einig.

Als sie sich, erschöpft von den vielen Eindrücken, in der Museumscafeteria erholen, nimmt Johannes den Gesprächs-

faden wieder auf: „Ich finde es faszinierend zu sehen, wie die Menschen seit der Steinzeit immer wieder versucht haben, die Zeit darzustellen, sie zu erklären und zu messen. Aber was hat eigentlich unsere heutige Vorstellung von der Zeit geprägt? Warum haben wir heute das Gefühl, dass die Zeit uns beherrscht, ja sogar krank macht?"

Fritjof: „Ich glaube, ohne genaue Uhrzeit wäre die moderne Gesellschaft mit ihren komplexen Abläufen überhaupt nicht denkbar. Seit der zweiten Hälfte des 19. Jahrhunderts ist das moderne Leben eingebettet in Systeme mit zentraler Vernetzung: Elektrizität, Telefon, Fernschreiber, Wasser- und Abwasserversorgung, drahtloser Funk, Eisenbahnen usw. Das Internet ist da nur die bisher letzte Stufe einer langen technischen Entwicklung. Wenn deine Computer riesige Datenpakete in Bruchteilen von Sekunden hin- und herübertragen und verarbeiten, dann bedarf es einer sehr exakten zeitlichen Koordination, sonst klappt da gar nichts."

Johannes: „Stimmt. Ich denke gerade an den Frankfurter Flughafen. Ständig sind dort Flugzeuge aus Tausenden von Kilometern Entfernung in der Warteschleife und landen im Minutentakt. Ohne sekundengenaue Uhrzeit gäbe es ein gefährliches Durcheinander."

Fritjof (lacht): „Nicht zu vergessen die vielen Passagiere, die täglich ihr Gepäck holen und weiterbefördert werden möchten. Ich erinnere nur daran, wie sauer wir sind, wenn das einmal nicht reibungslos klappt."

Johannes stellt sich die Situation vor und muss nun auch lächeln. Trotzdem ist er mit Fritjofs Antwort auf seine Frage noch nicht ganz zufrieden.

Johannes: „Aber damit ist mein Zeitdruck noch nicht erklärt!"

Fritjof: „Früher, als es zeitlich nicht so viel zu koordinieren gab, brauchten die Menschen nicht der Uhrzeit zu folgen. Sie konnten mehr ihrer inneren Uhr, ihrem persönlichen Rhythmus folgen, ohne Gefahr zu laufen, dadurch gleich ein riesiges Chaos anzurichten ... Was hältst du übrigens von einem kleinen Spaziergang? Mein persönlicher Rhythmus schreit nach frischer Luft!"

*Die beiden wandern in den Park des Museums und beob-
achten einen Gärtner, der dabei ist, Blumen einzupflanzen.*

*Johannes: „Weißt du, Fritjof, wenn Tausende von Men-
schen arbeitsteilig in einer Fabrik tätig sind, dann sitzt ihnen
eher die Uhr im Nacken als einem Bauern, der sich in seiner
Arbeit nach dem Wetter und dem Wechsel der Jahreszeiten
richtet."*

*Fritjof: „Oder einem Gärtner in den Kasseler Parkanlagen ...
Wahrscheinlich träume ich deswegen manchmal von meinem
eigenen Schrebergarten. Mir leuchtet durchaus ein, was du
sagst. Aber ich glaube, es gibt noch einen zusätzlichen wichtigen Aspekt. Der Zeitdruck verschärft sich auch dadurch,
dass unsere Lebens- und Arbeitswelt so überaus komplex ist."*

*Die beiden spazieren durch die gepflegte Anlage und Johan-
nes beschreibt, wie schnell sich die Produkte in seiner Bran-
che ändern. Mit seiner kleinen Firma muss er fast jährlich
neue Geschäftsfelder und Anwendungsmöglichkeiten erschließen, um geschäftlich am Ball zu bleiben. Bei Fritjof Sommer,
der als Führungskraft in einem großen Konzern arbeitet, gestaltet sich die Situation etwas anders, in den Konsequenzen
für die Beschäftigten jedoch ist sie ganz ähnlich. Die alte Organisation, in der jeder für ein fest umrissenes Aufgabengebiet zuständig war und sich wenig um die Belange anderer
Abteilungen zu kümmern brauchte, hat sich innerhalb weniger Jahre völlig gewandelt. Es gibt viele Projektgruppen, in denen abteilungsübergreifend Aufgaben bearbeitet werden. Ständig werden neue Projekte begonnen oder alte abgeschlossen,
und Fritjof muss sowohl seine Aufgaben in der Abteilung
wahrnehmen als sich auch um die vielfältigen Terminvorga-
ben der Projekte kümmern, an denen er oder seine Mitarbeiter
beteiligt sind.*

*Fritjof: „Es gibt immer weniger Routine. Was gestern noch
angemessen war, kann heute schon wieder falsch sein. Und
manchmal weiß ich gar nicht, auf wie viele Schnittstellen
zwischen den verschiedenen Unternehmensteilen ich noch
achten muss. Das Gefühl, viele Dinge gleichzeitig im Auge be-
halten zu müssen und ständig zwischen verschiedenen Auf-*

gaben hin- und herzuspringen, verstärkt das Gefühl von Eile und Zeitdruck."

Johannes: „Ich hätte Lust, mich bei unserem nächsten Spaziergang zwischen Berlin und Nürnberg mit dir noch einmal über die Kunst des Verlangsamens auszutauschen. Nach unserem heutigen Besuch in der Ausstellung habe ich ein paar Ideen, wie sie sich im Alltag umsetzen lässt."

4. Geschichten von der Zeit: Wie sich Zeitmessung und Zeitverständnis im Laufe der Zeit entwickelt haben

Die mechanische Uhr – Schlüsseltechnologie der Moderne

Die ersten mechanischen Uhren wurden in Europa um das Jahr 1300 herum konstruiert. Bereits vorher nutzten die Menschen Instrumente zur Zeitmessung. In allen alten Hochkulturen gab es bis in die Neuzeit hinein Sonnenuhren, um aus dem Schatten, den ein Zeiger wirft, die Stunden abzulesen. Die älteste bekannte Uhr, die sonnenunabhängig arbeitet, ist eine Wasseruhr. Sie steht im Kairoer Museum und stammt ca. aus dem Jahre 1400 v. Chr. Sie besteht aus einem Alabastergefäß, aus dem das Wasser langsam durch ein Loch ausläuft, und hat entsprechende Markierungen, die die Stunden anzeigen. Sanduhren sind seit etwa 1400 in Europa bekannt und dienten der Messung kürzerer Zeitabschnitte, z. B. einer Gerichtssitzung.

Bis zur Erfindung der mechanischen Uhr waren es Mönche, die die Stunden zählten und die Glocken schlugen, um ihre Gebete und das Klosterleben zu strukturieren. Sie folgten dabei der seit der Antike bekannten Einteilung des Tages in einen dreistündigen Rhythmus:

Matutin	0.00 Uhr	Sext	12.00 Uhr
Laudes	3.00 Uhr	Non	15.00 Uhr
Prim	6.00 Uhr	Vesper	18.00 Uhr
Terz	9.00 Uhr	Complet	21.00 Uhr

Die von Hand geschlagene Glocke der Klöster war das wiederkehrende, ungefähre Zeitsignal, und dieser dreistündige Takt bestimmte das Zeitempfinden der Menschen. 540 n. Chr. hatte Benedikt von Nursia in Umbrien die „Benediktinischen Regeln" verfasst, nach denen der Tagesablauf, die Arbeit und das Beten im Kloster geregelt wurden. Für die Benediktiner galt die Regel, den neuen Tag um Mitternacht durch Gebete zu preisen.

Doch nicht nur für den Kleriker, auch für den Laien war die Zeit untrennbar mit dem christlichen Weltbild und Glauben verwoben. Die wiederkehrenden christlichen Feste wie Weihnachten und Ostern machten das Kalenderjahr zu einem geistlichen und verknüpften den Wechsel der Jahreszeiten mit den zentralen Ereignissen der christlichen Liturgie. Die einzelnen Tage waren den wichtigen Heiligenfiguren zugeordnet. Die mittelalterlichen Stundenbücher enthielten die Gebete für jede Tageszeit, die oft von Geistlichen und Laien gemeinsam gebetet wurden und die den einzelnen Tag in Gebetszeiten und in Arbeitszeiten einteilten und so das Zeitempfinden strukturierten.

Die Erfindung der mechanischen Uhr war etwas, was man heute als „Schlüsseltechnologie" bezeichnen würde. Sie beendete die klösterliche Vormacht bei der Zeitmessung und bewirkte den Wechsel von flexibler zu fest definierter Stundenlänge. Seit der Antike wurde die Tages- und die Nachtzeit, unabhängig von der Jahreszeit und dem Zeitpunkt des Sonnenaufgangs, in jeweils zwölf Stunden unterteilt. Dadurch waren die zwölf Tagesstunden im Sommer lang und die Nachtstunden kurz, im Winter war es genau umgekehrt. Das ganze Jahr über wechselte die Stundenlänge. Man spricht hier von Temporalzeit, deren Eckpfeiler für die Zeitmessung der sichtbare Sonnenauf- und -untergang waren. Für den damaligen Stand der technologischen Entwicklung und der zeitlichen Abstimmung, die gesellschaftlich notwendig war, reichte diese ungefähre Zeitmessung vollkommen aus. Nur in der wissenschaftlichen Astronomie rechnete man seit der Antike mit der durchschnittlichen Stundenlänge, die nur zweimal pro Jahr wirklich auftritt, nämlich zur Zeit der Tag- und Nachtgleiche, der Äquinoktie. Der Übergang zu einer gleichförmigen Stundenmessung, der „Äquinoktialzeit", die sich nicht mehr nach dem Aufgang und Untergang der Sonne richtete, muss für die Zeitgenossen ein geradezu revolutionärer Vorgang gewesen sein.

In Mitteleuropa wurden die neuen mechanischen Uhren zunächst nur in großen Kathedralen als monumentale astronomische Werke installiert. Sie dienten der Darstellung der Bewegung der Sonne, der Sternbilder und der Gezeiten des Mondes. Sie waren Deutungs- und Lehrmaschinen, die die großartige göttliche Ordnung bekräftigten und bestätigten. Deshalb enthielten sie auch sich bewegende Figuren, die die gesellschaftliche Ständeordnung darstellten und die christliche Deutung der Welt unterstützen sollten. Sie besaßen Glockenspiele, aber keinen stündlichen Glockenschlag. Die Anzeige der Äquinoktialstunden war zu dieser Zeit noch astronomische Nebensache.

Eine andere Rolle spielten die Uhren in den oberitalienischen Stadtstaaten. Sie wurden an öffentlichen Gebäuden installiert und waren Ausdruck von Macht und Reichtum des städtischen Bürgertums, dessen Wiege in der italienischen Renaissance liegt. Von Beginn an schlugen die italienischen Uhren die Stunden und begannen so, das städtische Leben nach ihrem Rhythmus zu formen. Mailand hatte 1336 seine erste öffentliche Uhr, Carrara 1344, Genua 1353, Florenz 1357. Ende des 14. Jahrhunderts begann man, die kirchlichen Uhren entsprechend nachzurüsten, und bis 1410 hatten alle größeren Städte Mitteleuropas mindestens eine schlagende öffentliche Uhr, bis 1450 auch die kleineren Städte. Die Landbevölkerung, d. h. der weitaus größere Teil der Menschen, blieb von dieser Veränderung weitgehend unberührt und folgte wie bisher dem Rhythmus der Sonne. Der Siegeszug der abstrakten, gleichmäßigen Uhrzeit war jedoch nicht aufzuhalten und unterwarf Schritt für Schritt das gesellschaftliche Leben seinem Rhythmus.

1509 bauten Nürnberger Uhrmacher das „Nürnberger Ei", die erste tragbare Taschenuhr. Das von Christiaan Huygens erfundene Pendel wurde 1656 erstmals in eine Uhr eingebaut, und die von ihm 1673 erfundene Unruhe verbesserte die Ganggenauigkeit beträchtlich und erlaubte es, Sekundenzeiger in den Bau von Präzisionsuhren zu integrieren. Die Uhr mit ihrer raffinierten Mechanik und ihrer Ganggenauigkeit galt weiterhin als Sinnbild der bestehenden Weltordnung und beeinflusste die mechanistische Philosophie und Naturdeutung bis ins 19. und 20. Jahrhundert.

Die exakteste Uhr des 16. Jahrhunderts stammte von Jost Bürgi am Kasseler Hof und hatte eine tägliche Gangabweichung von unter einer Minute. Für die Belange der Seefahrt war dies jedoch nicht ausreichend. Die Konstruktion einer sekundengenauen Uhr, die stabil genug war, um auf einem Schiff zu funktionieren, war Voraussetzung für eine exakte Standortbestimmung. Denn Abweichungen von nur wenigen Minuten konnten bei der Navigation auf den Weltmeeren Fehler um viele Seemeilen nach sich ziehen. Erst 1759 gelang dem genialen John Harrison eine preisgekrönte Konstruktion, deren Gangabweichung unter einer Sekunde pro Tag lag. Sie half, die englische Vormachtstellung gegenüber anderen Seefahrernationen zu begründen.

Seit 1978 ist die physikalisch technische Bundesanstalt in Braunschweig per Gesetz mit der Zeitmessung beauftragt. Zur Zeitmessung dienen momentan drei Cäsium-Atomuhren. Die messen die Zeit mit einer Abweichung von einer Sekunde in 4,6 Millionen Jahren und sind dadurch noch „genauer" als die Erdbewegung, die, wie man heute weiß, kleine Unregelmäßigkeiten aufweist.

Moderne Zeiten:
Zeitbegriff und Vergesellschaftung der Arbeit

Anfang der achtziger Jahre wurde ich von meinem damaligen Arbeitgeber zu einem Lehrgang nach London geschickt. Ich fuhr täglich von Paddington Station, wo ich ein kleines Hotel bewohnte, nach Slough, einem Vorort von London, wo sich das Institut befand, das den Lehrgang durchführte. Mit mir fuhr meist ein Kollege aus Tanzania, der zum ersten Mal aus Afrika in ein europäisches Land gekommen war. Unvergesslich hat sich mir dessen täglich neue Faszination über den Zeittakt der Vorortzüge, die in den Bahnhof ein- und ausfuhren, eingeprägt. Der afrikanische Kollege konnte es einfach nicht fassen, dass der Fahrplan nach Minuten eingeteilt war und – was ihn vor allem staunen ließ – auch eingehalten wurde.

Wer einmal in Afrika mit dem typischen Verkehrsmittel, den privaten Bussen, gefahren ist, kann dies leicht verstehen: An den Busbahnhöfen der Städte warten die Kleinbusse so lange, bis sie voll sind, dann geht es los. Reisezeiten lassen sich nur mit der Genauigkeit von einigen Stunden berechnen, und auch das nur mit einem gewissen Maß an Wahrscheinlichkeit. Selbst da, wo es Eisenbahnen gibt, sind Abweichungen vom Fahrplan um Stunden normal. In der hochgradig arbeitsteiligen und technisierten Gesellschaft macht es Sinn, den Tagesablauf in Minuten zu zerteilen, um eine enorme Koordinationsleistung zu vollbringen. In einer Gesellschaft, die einem überwiegend bäuerlich-handwerklichen Rhythmus, d. h. den durch die Sonne vorgegebenen Tages- und Jahreszeiten, folgt, erscheint den Menschen das, was heute in Europa „normal" ist, fremdartig und ist für sie kaum nachvollziehbar.

Der Zeitbegriff einer jeweiligen Kultur und Epoche ist aufs Engste verknüpft mit dem jeweiligen Grad an Vergesellschaftung der Arbeit. Bis ins 19. Jahrhundert hinein war die Produktion weltweit überwiegend agrarisch. DieProduktionszyklen, Saat und Ernte, folgten den Jahreszeiten, die Lagerung, Verarbeitung und Vermarktung der Produkte verteilte sich ebenso über das Jahr. Was die Städte industriell herstellten und den Märkten zuführten, hatte sich vom agrarischen Zyklus noch nicht so weit entfernt. Die Kommunikationswege, die den Austausch von Gütern, Menschen und Informationen ermöglichten, waren Pferdefuhrwerke und Schiffe. Es ging also recht gemütlich zu, und der Rhythmus von Produktion und Kommunikation prägte das Zeitgefühl der damaligen Menschen. Wir finden dieses vom heutigen so verschiedene Zeitgefühl in Europa bis weit ins 19. Jahrhundert, obwohl es zu dieser Zeit schon Zimmer- und Taschenuhren gab.

Als man 1838 die Eisenbahn nach Potsdam bauen wollte und dem preußischen König begeistert ausmalte, er könne dann um acht Uhr von Berlin abfahren und sei um neun in Potsdam, schüttelte Friedrich Wilhelm III. nur den Kopf: „Was soll ich so früh in Potsdam?"

Ebenso spiegeln viele der Romane von Theodor Fontane, die im Berlin des ausgehenden 19. Jahrhunderts spielen, ein uns heute fremd anmutendes Zeitempfinden wider. Berlin, immerhin Hauptstadt des damaligen Deutschen Kaiserreiches, war bereits voll von der Industrialisierung erfasst, und dennoch: wenn man sich lesend in den Romanwelten Fontanes verliert, ist man immer wieder erstaunt über die Ruhe, die das Leben ihrer literarischen Gestalten atmet. Treibel etwa, Berliner Fabrikant, beginnt seinen Tag so: „Treibel war ein Frühauf, wenigstens für einen Kommerzienrat, und trat nie später als acht Uhr in sein Arbeitszimmer, immer gestiefelt und gespornt, immer in sauberster Toilette. Er sah dann die Privatbriefe durch, tat einen Blick in die Zeitungen und wartete, bis seine Frau kam, um mit dieser gemeinschaftlich das erste Frühstück zu nehmen."[16] Bis in den Erzählduktus hinein wird hier Ruhe und Beschaulichkeit vermittelt, die aus einer anderen Welt zu stammen scheinen und wenig später, im Berlin der zwanziger Jahre, unwiederbringlich zerbrechen sollten.

Das Stakkato der Großstadtsymphonie, das uns etwa in Alfred Döblins Roman „Berlin Alexanderplatz" (1929 erschienen) begegnet, ist unserem zeitgenössischen Lebensgefühl sehr viel näher. Mit dem Tagesablauf der Romanfigur Treibel bei Fontane hat der Arbeitsalltag heutiger Geschäftsführer nur noch wenig zu tun.

Das neue Lebens- und Arbeitstempo, das Ende des 19. Jahrhunderts voll einsetzte, war aufs Engste verbunden mit dem Prozess der Industrialisierung und der Beschleunigung der Kommunikationswege, die die erste Revolution im Zeitempfinden bewirkten.

Revolutionierung der Zeit I : Die Industrialisierung und die Beschleunigung der Kommunikationswege

Im 19. Jahrhundert setzte sich eine vollkommen neue Form der Produktion durch und veränderte unser modernes Zeitempfinden grundlegend: die Fabrikorganisation. Während die handwerkliche Produktion auftragsorientiert betrieben werden konnte, wurde es in den Fabriken notwendig, die immer arbeitsteiliger werdenden kontinuierlichen Abläufe zeitlich zu koordinieren. Um Dampfmaschinen oder Autos zu bauen, mussten Tausende von Einzelteilen zusammengesetzt werden. Sie wurden von unterschiedlichen Arbeitern an unterschiedlichen Maschinen bearbeitet. Ohne verbindliche Arbeitszeiten und die Durchsetzung einer strikten Arbeitsdisziplin war dies nicht möglich. Und während der Handwerker auf eigene Rechnung arbeitete, also seinem eigenen Rhythmus folgen konnte, war der Arbeiter für den Fabrikbesitzer tätig und musste sich nach dem Rhythmus der Maschinen richten. So war es üblich, das Fabriktor nach Arbeitsbeginn zu schließen. Zuspätkommende verloren nicht nur den Tageslohn, sondern mussten noch zusätzliches Strafgeld zahlen. Die Fabriken markierten Arbeitsbeginn, -ende und -pausen durch Sirenen oder Glocken, die Kontrolle der Arbeitszeit wurde durch Stechuhren mechanisiert. Gasbeleuchtung und die Einführung von Schichtarbeit unterwarfen den privaten Teil des Tages dem Rhythmus der Fabrik und zwangen die Arbeiter zu einem überlegten Umgang mit ihrer Zeit.

Die private Uhr, bis dahin ein Luxusgut der reicheren Schichten, wurde für den Arbeiter in Form des Weckers zu einem Gemeingut. 1905 wurden von der Schwarzwälder Uhrenindustrie 4,1 Millionen Wecker produziert. Die abstrakte Uhrzeit wurde erstmals zum unangefochtenen Rhythmusgeber für alle Lebensbereiche. Die modernen Fabriken brachten das zur Reife, was mit dem Stundenschlag der Turmuhren in den italienischen Städten des 14. Jahrhunderts fast unmerklich eingeläutet worden war. Die Dramatik dieser Veränderung lässt sich gar nicht hoch genug veranschlagen: Seit unzähligen Generationen folgte der Mensch bei seiner Arbeit dem Rhythmus von Tag und Nacht und dem Rhythmus der eigenen individueller Leistungsfähigkeit, die durch Alter, Tageszeit, Müdigkeit usw. bestimmt war. Die sanfte dreistündige Einteilung der mittelalterlichen Gebetszeiten hatte daran nichts ändern können. Der moderne Mensch des 19. und 20. Jahrhunderts dagegen folgt dem Rhythmus der abstrakten Uhrzeit und dem Stakkato der Maschinenproduktion. Für den heutigen Westeuropäer ist dieser historische tiefe Einschnitt oftmals kaum noch nachzuvollziehen, weil das Leben nach der Uhrzeit unseren Alltag von Kindesbeinen an bestimmt und die Unterwerfung unter die Uhr für uns heute fast so normal ist wie die Luft zum Atmen.

Die Industrialisierung veränderte nicht nur die Arbeit, sondern definierte auch das Verhältnis von Raum und Zeit völlig neu. Die Zeit, die es benötigte, von einem Ort zum anderen zu fahren oder Güter und Nachrichten zu versenden, konnte drastisch gesenkt werden, was das Zeitempfinden wesentlich veränderte.

1835 etwa wurde die von George Stephenson geschaffene Bahnlinie Stockton-Darlington in Betrieb genommen, 1835 eröffnete die „Ludwigsbahn", die erste deutsche Bahnlinie von Nürnberg nach Fürth. Kaum jemand konnte damals ahnen, dass damit eine Revolution im Zeitempfinden eingeleitet wurde, die derjenigen, die der Erfindung der mechanischen Uhr folgte, durchaus vergleichbar ist.

Ab 1869 erfolgte die Erschließung Nordamerikas durch die Eisenbahn. Die 5000 Kilometer von der Ostküste zu den Goldminen Kaliforniens bedeuteten noch 1848 eine sechsmonatige Schiffsreise um Kap Horn. Jetzt schrumpften diese sechs Monate zu fünf Tagen im bequemen Pullman- Eisenbahnabteil.

1784 wurde erstmals eine Eilpostkutsche im Verkehr zwischen London und Bath eingesetzt. Der begleitende Wachmann trug ein Horn bei sich, um den Verkehr zu warnen und 200 Meter vor jedem Schlagbaum zu blasen, damit dieser unverzüglich geöffnet wurde und die Kutsche ihn, ohne anhalten zu müssen, passieren konnte. Die beiden Städte rückten dadurch von achtzig auf zwanzig Stunden zusammen. Noch waren Pferdekutsche und Segelschiff die schnellsten Transportmittel.

Als Benjamin Franklin 1775 Leiter des amerikanischen Postdienstes wurde, erweiterte er das Netz der Postkutschen und baute einen Paketdienst nach England auf. Ein Brief nach England dauerte damals 20 Tage. Ein Geschäftsmann, der sich von England aus an seine Niederlassung in Boston wandte, musste, selbst wenn der Brief am Tag der Ankunft beantwortet wurde, 40 Tage warten, um eine erste Reaktion zu erhalten. Denkt man an die Bestellung und Lieferung von Gütern, so ist bestenfalls in Zeiträumen, die den landwirtschaftlichen Zyklen gleichen, zu rechnen.

Bis Mitte des 19. Jahrhunderts galten alleine in den USA 144 amtliche Zeiten. Die verschiedenen lokalen Zeiten konnten nebeneinander existieren, ohne in Konflikt miteinander zu geraten. Die Reise von einer Lokalzeit in die andere war lang und beschwerlich, und am Ziel angekommen, wurde die Uhr nach der Sonne gestellt. Solange die Reise von einem Ort zum anderen mit dem Pferd vonstatten ging, gab es keine Notwendigkeit, dies zu ändern: „Jedes Nest Amerikas, das etwas auf sich hielt, hatte Anspruch auf eine eigene Zeitung, eine eigene Baseball- oder Cricketmannschaft und eine eigene individuelle Zeit."[17]

Auch in Europa hatte fast jeder Bahnhof zwischen Paris und Warschau seine eigene Uhrzeit. Die Uhrzeit der einzelnen Orte wurde nach der örtlichen Sonnenuhr gestellt. Durch die Drehung der Erde um die eigene Achse entsteht alle 15 Breitengrade eine Zeitverschiebung von einer Stunde, zwischen Aachen und Frankfurt an der Oder sind dies z. B. schon 34 Minuten.

Als Sandford Fleming, ein kanadischer Eisenbahningenieur, 1876 den Vorschlag machte, die Welt in 24 Zeitzonen einzuteilen, gab es immer noch 71 verschiedene Lokalzeiten in den USA. 1884 wurden die neuen Zeitzonen in Washington auf einer internationalen Konferenz beschlossen. Dort wurde auch festgelegt, dass der Nullmeridian, der bis heute als Ausgangspunkt für die Zählung der Zeitzonen dient, durch das Observatorium von Greenwich in England geht.

Einen weiteren Schritt zur Überwindung vieler Lokalzeiten zugunsten einer einheitlichen Globalzeit brachte der Morsetelegraf (durch Morse 1837) und das Telefon (durch Graham Bell 1876). Die neuen Telegrafenleitungen wurden zunächst mit den Eisenbahnlinien gebaut und breiteten sich dann schnell in die fernsten Winkel aus. Vor der Erfindung der Telegrafie musste eine Nachricht immer schriftlich überbracht werden, war damit an die langsame Reisegeschwindigkeit gebunden. Mit Hilfe der neuen Technik konnten Gesprächspartner über beliebige Distanzen unmittelbar gleichzeitig miteinander reden. Wie wundersam dies den Zeitgenossen erschien, zeigen Berichte von 1850 aus Schottland. Manche Landbewohner hatten die Zettel mit ihren Mitteilungen, die sie zum Postamt brachten, ganz fest zusammengerollt, damit sie besser durch die Kupferdrähte passten. Und Väter präsentierten besonders dünne und kleine Söhne bei den Telegrafenstellen, weil diese schneller durch die Drähte schlüpfen könnten, um ihre Botschaften abzuliefern.[18]

Die neuen Drahtverbindungen erlaubten die exakte Übertragung von Zeitsignalen und damit die Gleichzeitigkeit der Uhren an verschiedenen Orten. In den achtziger Jahren des letzten Jahrhunderts verfügten die Telefongesellschaften der USA über etwa zwei Milliarden Kilometer Telefonleitungen. Heute werden Drahtverbindungen zunehmend durch Funkverbindungen ergänzt. Funktelefone und Satellitenverbindungen schaffen ein weltweites Netz, das die meisten Bewohner der reichen Länder bereits jetzt, potentiell aber ausnahmslos alle Menschen auf der Welt, miteinander verknüpft. Damit wird eine globale Gleichzeitigkeit geschaffen, die bisher in der Geschichte der Menschheit unvorstellbar war. Während es zu Zeiten Benjamin Franklins Wochen dauern mochte, bis eine wichtige Meldung, wie etwa der Tod eines Präsidenten, sich in Europa oder USA verbreitete, tickern heute die Nachrichtenagenturen ihre Meldungen in Sofortzeit rund um die Welt, wo sie oft in wenigen Minuten von den Medien bis in die letzten Winkel der Erde verbreitet werden. Wenn früher einer der großen Entdeckungsreisenden von einer jahrelangen Weltreise zurückkehrte, brauchte es noch einmal Jahre, bis er seinen Bericht geschrieben und publiziert hatte. Heute können wir im Fernsehen oder Internet Weltraumexpeditionen in Sofortzeit verfolgen.

Revolutionierung der Zeit II: Die Computertechnologie

So ist die Welt in den vergangenen Jahrzehnten in bis dahin unvorstellbarer Weise zusammengewachsen. Ohne eine verbindliche Uhrzeit wäre diese weltweite Verknüpfung vollkommen unvorstellbar. Börsentermine, Flugpläne, Telefonkontakte, Warenlieferungen – all das erfordert exakte zeitliche Verbindlichkeit.

Der amerikanische Anthropologe Edward T. Hall berichtet von zwei afghanischen Brüdern, die sich in Kabul verpassen, weil sie zwar ausgemacht haben, sich im Sommer zu treffen, jedoch vergessen haben, das Jahr ihres Treffens zu präzisieren. Moderne wirtschaftliche Abläufe sind mit einem solchen Zeitverständnis nicht vorstellbar. Vielleicht lässt sich die Dimension der Veränderung unseres Zeitempfindens ermessen, wenn man den englischen Geschäftsmann, der im 18. Jahrhundert nach Boston schreibt, der Arbeitsgruppe eines internationalen Unternehmens gegenüberstellt, deren Teilnehmer in Europa und Amerika sitzen und per Internet gemeinsam den Schaltplan eines Produktes entwerfen, das in Asien gebaut werden soll.

Neben der Industrialisierung läutete die moderne Computer- und Kommunikationstechnologie die zweite Revolution unseres Zeitempfindens ein. Sie ist die technologische Triebkraft, die zu tief greifenden Veränderungen unseres Lebens geführt hat. Komplexe Abläufe, wie die Produktion großer Fabriken, die Steuerung weltweiter Konzerne, die Verwaltung von Staaten, all das findet mit Hilfe der Informationstechnologie statt. Computernetzwerke sind gleichsam die Lebensnerven aller Vorgänge unserer modernen Informationsgesellschaft. Die weltweiten Datennetze sind im Millisekundenbereich getaktet und können nur funktionieren, wenn sie entsprechend exakt synchronisiert sind. Moderne Navigationssysteme werden von Satelliten im Weltraum gesteuert. Ohne die Erkenntnisse der Einsteinschen Relativitätstheorie, nach der ihre Zeit von der Zeit auf der Erde minimal abweicht, könnten sie nicht funktionieren. Sportwettkämpfe, bei denen es um Hundertstel von Sekunden zwischen Gewinner und Verlierer geht, mögen dem Betrachter gelegentlich absurd vorkommen. Sie reflektieren jedoch nur die Präzision der neuen Technologien, die alle unsere Lebensbereiche beeinflussen.

Die immer feinere Zerteilung der Zeit fördert das subjektive Empfinden von der Beschleunigung der Zeit, das heute fast alle Menschen in den westlichen Industrieländern kennzeichnet.

Manch einer wird sich vielleicht an den Beginn der großen Ferien in der Schulzeit erinnern. Die Betrachtung eines großen Zeitraums verlangsamt fast automatisch das subjektive Empfinden für das Vergehen der Zeit. Handelt es sich um so etwas Erfreuliches wie die großen Ferien, folgt daraus ein wonnevolles Gefühl von Reichtum. Handelt es sich umgekehrt um die Betrachtung des Zeitraums, der den Schüler noch von den Ferien, Weihnachten oder einem anderen herbeigesehnten Ereignis trennt, so dehnt sich auch hier die Zeit in der subjektiven Erfahrung, ist allerdings mit weniger angenehmen Gefühlen verbunden. Bei der Betrachtung kurzer Zeiträume ist das subjektive Empfinden dergestalt, als vergehe die Zeit schneller. Hat der geplagte Zeitgenosse immer kleinere Zeitabschnitte im Blick, die immer exakter gemessen werden und, weil kurz bemessen, schnell vergehen, so resultiert daraus ein fortwährendes Empfinden von Zeitmangel und das Gefühl, dass alles zu schnell gehe.

Die neuen Technologien beschleunigen den technischen, wirtschaftlichen und sozialen Wandel und erzeugen auch hierdurch das Empfinden, dass sich alles immer stärker beschleunige. Ungefähr alle anderthalb Jahre kommt eine neue Chipgeneration auf den Markt, die leistungsfähiger ist als die Vorgänger. Da es heute kaum noch einen Gegenstand gibt, in dem Chips nicht zum Einsatz kommen und sie in Küchenmaschinen, Autos, Fotoapparaten, der Zentralheizung, ganz zu schweigen von industriellen Maschinen zu finden sind, werden in immer kürzeren Abständen neue Produkte entwickelt.

Aber auch die Produktionsprozesse selber lassen sich mit Hilfe leistungsfähiger Computer und neu entwickelter Software effizienter steuern und dadurch enorm beschleunigen. Produktionsabläufe, die vor einigen Jahren noch Wochen dauerten, sind durch konsequente Prozessoptimierung und durch Einsatz elektronischer Datenverarbeitung auf Stunden zusammengeschrumpft. Die eigentliche Wertschöpfung in beliebigen indstriellen Tätigkeitszyklen betrug vor etwa zehn Jahren nur zehn Prozent der aufgewendeten Zeit, die restlichen 90 Prozent waren Wartezeiten. Durch konsequente Prozessoptimierung ließen sich dramatische Beschleunigungen erreichen, wie z. B.

die Verkürzung der Bearbeitungszeit von Kundenaufträgen bei Motorola von 44 Tagen auf 100 Minuten oder die Verkürzung der Produktionszeit eines Motorrades bei Honda um 80 Prozent.

Arbeitszusammenhänge stehen für die Beschäftigten heute unter einem hohen Produktivitäts- und deswegen auch Zeitdruck. „Time-to-the-market", die Zeit, die es braucht, ein neues Produkt marktreif zu machen, heißt das Zauberwort. Die Halbwertzeit neuer Produkte wird immer kürzer. In einer Studie von Boston Consulting wird analysiert, dass Zeit, als strategische Waffe im Konkurrenzkampf eingesetzt, eine ebenso große Bedeutung gewonnen hat wie Kapital, Produktivität, Qualität oder sogar Innovation. „Der Zeitwettbewerber schöpft seine Kraft aus der Fähigkeit, in allem schneller zu sein als sein direkter Wettbewerber."[19]

Oft handelt es sich nicht mehr um physische Produkte der „alten" Ökonomie, sondern um Wissensprodukte, beispielsweise Softwarelösungen der neuen Informationstechnologien. Deren Exklusivität, die dem Erfinder Marktvorteile und höhere Aktienkurse beschert, wird immer kürzer, da Informationen mit Hilfe von Computern sich immer schneller kopieren, modifizieren und verteilen lassen. Der Druck, das eingesetzt Kapital Gewinn bringend zu nutzen und einen, wenn auch nur geringen, Vorsprung herauszuschlagen, verschärft den Zeitwettbewerb.

Die entsprechenden Prozesse sind dadurch außerordentlich zeitsensibel geworden, und die Anforderung an die beteiligten Menschen, schnell und gezielt zu agieren, ist enorm gestiegen. Mit 50 Kilometern pro Stunde ein Auto auf der Landstraße zu steuern, kann ein entspanntes Vergnügen sein. Es bleibt genügend Zeit, auf Schlaglöcher und Kurven zu reagieren und gleichzeitig die Landschaft zu betrachten. Mit 250 Kilometer pro Stunde ist dagegen dauernde Konzentration erforderlich, und die kleinste Unachtsamkeit kann schnell existentielle Folgen haben. Verschläft das Management einer Firma eine neue Entwicklung, ist sogleich das gesamte Unternehmen bedroht.

Das globale Zusammenwachsen der Märkte ist nur durch die Datentechnik möglich. Wenn in Asien für ein bestimmtes Produkt die Preise fallen oder ein Konkurrent eine Neuentwicklung auf den Markt bringt, hatte dies früher nur lokale Bedeutung. Durch die Realisierung der globalen Gleichzeitigkeit und der fast unbeschränkten Möglichkeit, Wissen und Produkte weltweit auszutauschen, müssen heute die Mitbewerber in Europa und Amerika die entsprechenden Informationen zur Kenntnis nehmen und darauf reagieren, weil sie unmittelbar davon betroffen sind. Wohin man schaut, ist der Beschleunigungsdruck gewachsen.

Alle großen Konzerne mussten auf das veränderte Umfeld in der Weise reagieren, dass sie ihr Management vollkommen neu organisierten. Große Unternehmen mit Zehntausenden von Beschäftigten und den entsprechenden hierarchischen Strukturen sind viel zu unbeweglich, um so schnell zu reagieren, wie es die neue Weltwirtschaft erfordert. Die Deutsche Lufthansa AG beispielsweise wurde Anfang der neunziger Jahre aus einem monolithischen Konzern in Hunderte von Einzelunternehmen umstrukturiert. Unter dem Dach der Holding werden sie als eigenständige AG oder als GmbH mit eigener Geschäftsleitung und Kostenrechnung geführt. Ihre Zahl verändert sich jedes Jahr, neue oder alte Geschäftsfelder werden mit neu gegründeten Firmen bearbeitet, Firmen werden zugekauft oder abgestoßen. Für die Beschäftigten bedeutet dies hohe Anforderungen, was Flexibilität, Lern- und Veränderungsbereitschaft angeht. Auch dieser rasche Wechsel des Arbeitsumfeldes bestärkt die subjektive Empfindung von einer Beschleunigung der Zeit, wobei sich tatsächlich, im Vergleich zu vergangenen ruhigeren Zeiten, der Rhythmus der Veränderung enorm beschleunigt hat.

Naturwissenschaft und Zeit

Expotentiell gewachsen ist auch die Menge des Wissens, über das Menschen verfügen. Wissen beinhaltet das Verständnis und die Kenntnis des Menschen von seiner gesellschaftlichen und natürlichen Umwelt. Die Weltgesellschaft wandelt sich immer schneller und wird vernetzter und komplexer, also auch die

Menge der Informationen über die vom Menschen gestaltete Welt. Gleichzeitig sind auch die Methoden, die Natur zu erforschen, durch die rasante Entwicklung neuer Technologien immer feiner und effizienter geworden. Früher veränderte sich das Wissen um die Welt selbst über Jahrhunderte hinweg nur relativ wenig. Das Kopernikanische Weltbild, die Newton'sche Physik, sie waren über Jahrhunderte anerkannte Grundlage der Wissenschaft.

Die Anwendung von Elektronenmikroskopen, riesigen Teilchenbeschleunigern und Großrechnern, verändert das Bild der Naturwissenschaften heute laufend. Die Entschlüsselung des menschlichen Genoms im Jahre 2000 war nur durch Nanotechnologie und hochleistungsfähige Computer möglich. Chemische Substanzen für neue Arzneimittel wurden früher in mühsamen Versuchen über Jahre auf ihre Wirksamkeit hin untersucht. Heute entstehen Rechenprogramme, die Hunderttausende von Substanzen in kürzester Zeit testen und Hoffnung auf immer schnellere Entwicklung neuer und wirkungsvoller Medikamente wecken.

Bis 1915 stellte man sich Raum und Zeit als den festgelegten Rahmen vor, in dem Ereignisse stattfinden können, der aber durch das, was in ihm geschieht, nicht beeinflusst wird. Nach dieser Vorstellung ist die Zeit eine absolute Größe, unabhängig vom Raum und von den Menschen, sie fließt sozusagen von selbst. Ein Zeitintervall zwischen zwei Ereignissen ließe sich somit eindeutig bestimmen und die Zeit bliebe stets die gleiche, wer auch immer sie misst – vorausgesetzt, die Uhr geht richtig. Unser Alltagsbegriff von Zeit geht auf die Theoriebildung Isaac Newtons (1643-1727) zurück, einen der Begründer der theoretischen Physik und der modernen Naturwissenschaften. Würde man heute eine Telefonumfrage starten, dann würden sicher 99 Prozent der Befragten dieser Vorstellung von Zeit zustimmen.

Im Jahre 1905 veröffentlichte ein bis dahin unbekannter Beamter des eidgenössischen Patentamtes von Bern, Albert Einstein, seine Theorie der speziellen Relativitätstheorie, die er 1915 zur allgemeinen Relativitätstheorie erweiterte. Einstein behauptete, dass es in der Natur nichts gäbe, das unserer Vorstellung eines absoluten Ruhepunktes entspricht, zu dem sich andere Bewegungen definieren und beschreiben ließen, wohl aber etwas, das dem Begriff der absoluten Geschwindigkeit entspricht. Das sei die Bewegung des Lichtes.

Eine einzige, absolute Zeit gibt es in der Relativitätstheorie nicht. Vielmehr hat jeder unterschiedliche bewegte Punkt im Raum sein eigenes Zeitmaß, je nachdem, wo er sich befindet und wie er sich – im Verhältnis zur Lichtgeschwindigkeit – bewegt. Für den mathematisch-physikalisch Ungeschulten ist es sehr schwierig, einen Zugang zu diesem Begriff der physikalischen Zeit zu finden, weil er den tief verwurzelten Alltagsvorstellungen von Raum und Zeit völlig zuwiderläuft. In den Dimensionen der Erde wird die Lichtgeschwindigkeit als gleichzeitig wahrgenommen, vom Mond benötigt das Licht bis zur Erde 2,5 Sekunden, von der Sonne aus 1 000 Sekunden, vom Rande unserer Milchstraße aus 160 000 Jahre. Die moderne Physik beschäftigt sich mit Dimensionen, die weit über normale Alltagserfahrung hinausgehen, deren Ergebnisse aber in ihrer industriellen Anwendung das alltägliche Leben beeinflussen.

Wollte man sich ein Teilchen vorstellen, das durch das Universum reist, so verlangsamt sich die Zeit in der Umgebung des Teilchens immer stärker, je mehr sich dies der Lichtgeschwindigkeit annähert. In der Lichtgeschwindigkeit hört dann die Zeitlichkeit vollständig auf – es gibt nichts mehr, was unserem „vorher" oder „nachher", unserer Vergangenheit, Gegenwart und Zukunft entspricht. Auf Grund dieser Gesetzmäßigkeit würde die Besatzung eines Raumschiffes, die mit hoher Geschwindigkeit (z. B. 300 000 km/h) durch den Weltraum reist, bei ihrer Rückkehr jünger sein als die Menschen, die auf der Erde geblieben sind. Auch zwei völlig identische Uhren, die eine im Raumschiff und die andere auf der Erde, würden unterschiedliche Zeiten anzeigen, obwohl sie im gleichen Takt weitergegangen sind.

Man kann an der Entstehung der Relativitätstheorie recht gut nachvollziehen, dass die Weiterentwicklung der Wissenschaft nicht nur auf einer klaren, sich vom herkömmlichen Denken befreienden Theoriebildung eines genialen Geistes beruht, sondern erst dann möglich wird, wenn die technischen Instrumente der wissenschaftlichen Beobachtung sich weiterentwickelt haben und dem Beobachter Phänomene zeigen, die sich mit den hergebrachten Theorien nicht erklären lassen.

Neue Entwicklungen wie Fernrohre und Mikroskope waren wesentliche Voraussetzung der naturwissenschaftlichen Revolution im 17. Jahrhundert. Die Amerikaner Michelson und Morley kamen 1887 bei Messungen der Lichtgeschwindigkeit mit hochleistungsfähigen optischen und Zeitmessgeräten zu Ergebnissen, die sich durch die geltenden physikalischen Theorien nicht mehr erklären ließen, sondern erst durch Einsteins neue Theorie. Bis heute wird der Prozess der physikalischen Forschung von immer aufwändigerer Technologie begleitet. Und es ist in gewisser Weise verständlich, dass die Phänomene der unermesslichen Weiten des Weltraumes, die die Relativitätstheorie beschreibt, sowie die Phänomene im Innersten der kleinsten Teilchen, mit denen sich die Quantenmechanik beschäftigt, von unserer Sinneswahrnehmung im Alltag weit entfernt sind.

Prolog 5

Rudelsburg, Sachsen-Anhalt, im September

Fritjof und Johannes stehen auf der Burgruine Rudelsburg und betrachten die Aussicht. Unter ihnen liegt das Saaletal, ihnen gegenüber erheben sich auf einem zweiten Berg die Mauern der Burg Saaleck.

Am Ufer der Saale entdecken sie eine Anlegestelle, an der ein kleiner, offener Ausflugsdampfer liegt. Es ist ein milder Herbsttag, und sie beschließen, mit dem Schiff nach Bad Kösen zu fahren und von dort aus zurückzuwandern.

Fritjof ist fasziniert von der Landschaft, die während der Fahrt an ihnen vorübergleitet. Er zeigt auf die Bäume, deren Blätter sich zu verfärben beginnen, und auf die Umrisse der Berge, die sich in der dunstigen Herbstluft im Hintergrund abzeichnen. Johannes dagegen ist in sich gekehrt. Er ist so in Gedanken versunken, dass er die Landschaft um sich herum kaum wahrzunehmen scheint.

<u>Fritjof:</u> *„Was ist eigentlich los mit dir? Du bist so angespannt, wie ich dich schon lange nicht mehr erlebt habe!"*

<u>Johannes</u> *(brummig): „Auf dem Weg hierher habe ich einen äußerst unangenehmen Anruf erhalten ..."*

<u>Fritjof:</u> *„Ja, und?"*

<u>Johannes:</u> *„Einer unserer Programmierer teilte mir mit, dass er den Abgabetermin für seine Software nicht einhalten kann. Wir sind mit dem Projekt sowieso schon in Verzug, und es bleibt wieder an mir hängen, eine Lösung zu finden ..."*

<u>Fritjof:</u> *„Passiert so etwas öfter?"*

<u>Johannes:</u> *„Ständig!!"*

<u>Fritjof:</u> *„Warum legt ihr den Zeitrahmen nicht von vorne herein großzügiger fest?"*

<u>Johannes:</u> *„Der Kunde drängt ... unser Zeitplan ist so eng*

kalkuliert, dass Probleme vorprogrammiert sind – aber das ist normal!"

Fritjof: „Was heißt normal?"

Johannes: „Auf welchem Stern lebst du? Wer zu spät kommt, den bestraft das Leben – hast du noch nie davon gehört?"

Fritjof (versöhnlich): „Einerseits hast du natürlich recht, andererseits ..."

Johannes: „???"

Fritjof: „Lass mich dir mit einem Beispiel antworten: Mein Sohn hat neulich seinen Führerschein gemacht. Wenn er mit 50 km/h durch die Stadt fährt, erntet er Hupen, böse Blicke und aggressive Überholmanöver. Mich hat das nachdenklich gemacht. Manchmal ärgere ich mich auch über andere Autofahrer, wenn ich es eilig habe und unter Druck bin. Wenn ich ruhig und gelassen bin, fällt mir dagegen auf, wie aggressiv und hektisch viele Menschen fahren."

Johannes: „Ich verstehe noch nicht so ganz, worauf du hinauswillst."

Fritjof: „Ich denke, wir schaffen uns eine Realität durch die Art, wie wir die Dinge sehen! Wenn ich meine, keine Zeit zu haben, verstärkt jede rote Ampel meinen Zeitdruck. Oft kommt es mir vor, als hätte ich mich in eine Art Rausch gesteigert, wenn ich daraus wieder auftauche."

Johannes: „Soweit gebe ich dir recht – aber der Zeitdruck, der vom Markt ausgeht, lässt sich durch keine positive Einstellung beseitigen."

Fritjof: „Gewiss, es gibt äußere Bedingungen, die der Einzelne nicht ändern kann. Mir kommt es jedoch oft so vor, als ob die Vorstellung von Effizienz und von jeder Sekunde, die produktiv genutzt werden muss, sich wie ein kollektiver Wahn in allen Köpfen festgesetzt hat, so dass derjenige, von dem dieser Wahn nicht Besitz ergriffen hat, als verrückt angesehen wird, als Störenfried. Wie derjenige, der es wagt, im Stadtverkehr nur 50 km/h zu fahren. Es gibt doch noch andere Dinge außer schneller, erfolgreicher Arbeit, die für ein gelungenes Leben wichtig sind."

Johannes: „Natürlich, du hast ja recht. Aber welche Lösung willst du einem normal wahnsinnigen Mitmenschen wie mir vorschlagen?"

Fritjof: „Einfach bewusster sein, die eigenen Zeitvorstellungen hinterfragen. Für mich war ein Urlaub auf dem Lande in Italien eine wichtige Erfahrung. Die Leute dort waren auch fleißig, aber sie wussten noch, was es heißt, das Leben zu genießen. Es gab viele kleine Momente des Genießens im Alltag: essen, miteinander reden, Olivenöl pressen, den neuen Wein kosten ... Es ging nicht darum, das Leben möglichst schnell und arbeitsam hinter sich zu bringen, sondern es gab Zeiten innezuhalten, den Augenblick zu genießen, alleine oder mit Freunden über das Leben nachzusinnen. Wenn mein Stress überhand nimmt, erinnere ich mich an diese Zeit, um meinen Druck zu relativieren."

Johannes: „Ich fand es auf Reisen auch sehr schön, einer anderen Lebensart zu begegnen, die weniger von Zeitnot geprägt war. Aber meinst Du, diese Erfahrung reicht aus, um meinen Alltag zu verändern?"

Fritjof: „Wohl nicht alleine. Ich bin einmal dem Geschäftsführer einer Firma für Messtechnik begegnet. Er hat seine Rolle dahingehend definiert, dass er über all die Dinge nachdenkt, für die sich sonst keiner Zeit nimmt."

Johannes: „Eine merkwürdige Rolle."

Fritjof: „Ja, das stimmt. Eigentlich müsste sich dafür jeder gelegentlich Zeit nehmen. Allerdings geht das nur, wenn man nicht von der Vorstellung besessen ist, jede Sekunde etwas tun zu müssen. Ich versuche immer wieder, Stunden und Tage einzuplanen, ohne etwas Bestimmtes zu tun. Es sind Zeiten, um wieder zu mir selbst zu kommen."

Johannes: „Du plädierst also für die uralte Tradition des Sabbaths und gegen einen Sonntag, an dem die Geschäfte und die Börse weitergehen?"

Fritjof: „Ich finde die 7-Tage-Woche ausgesprochen ungesund. Und über meinem Schreibtisch hängt eine Postkarte von meiner Frau, auf der steht: ‚Hätte ich die Kraft nichts zu tun, täte ich nichts.‘ "

Johannes: „Vielleicht sollte ich mir diesen Satz auch zu

Herzen nehmen. – Schau mal, wie wunderbar die herbstlichen Bäume aussehen!"

<u>Fritjof:</u> „Ja, ein schöner Tag heute."

5. Zeitkultur

**Wie unterschiedliche kulturelle Vorstellungen
von Zeit Verhaltensweisen steuern**

„Ich habe keine Zeit" – bei diesem häufig geäußerten Satz ist
den meisten Menschen nicht bewusst, dass damit nicht nur
die momentane Situation angesprochen ist, sondern dass da-
hinter auch eine Einstellung steht, die bereits zur Gewohnheit
geworden ist. Normalerweise befindet sich jeder von uns in
einem regelrechten Käfig von Zeitgewohnheiten. Gewohnheiten oder kulturelle Regeln, von denen hier die Rede sein soll,
begrenzen wie die Gitterstäbe eines Käfigs die Verhaltensmög-
lichkeiten des einzelnen Individuums.

Der Umgang mit Zeit und mit den Rhythmen, die das ge-
schäftliche und private Leben bestimmen, ist nämlich kultu-
rell geprägt. Wissenschaftler, wie der Anthropologe Edward T.
Hall, weisen darauf hin, dass das Beachten kultureller Regeln,
die Zeit und Raum betreffen, einer „stummen Sprache" gleichen. Diese beinhaltet unbewusste Verhaltensmuster, deren
Nichtbeherrschung oder Missachtung zu Verwirrung und Missverständnissen führt. Paul Watzlawick gibt dafür ein hübsches
Beispiel. Er beschreibt, zu welchen Missverständnissen es zwischen amerikanischen Soldaten und englischen Mädchen während des Zweiten Weltkrieges kam, die jeweils unbewusste
kulturelle Vorstellungen mitbrachten, in welcher zeitlichen
Reihenfolge die verschiedenen Kapitel einer Liebesgeschichte
einander zu folgen hätten:

> „Es stellte sich heraus, dass das Verhalten der Partner vom
> Kennenlernen bis zum Geschlechtsverkehr – in England wie
> in Amerika – ca. dreißig verschiedene Verhaltensformen
> durchläuft. Während das Küssen in Amerika relativ früh

kommt, tritt es im typischen Paarungsverhalten der Engländer erst spät, etwa auf Stufe 25 auf. Eine Engländerin, die von ihrem amerikanischen Soldaten geküsst wurde, fühlte sich nicht nur um einen Großteil des für sie ‚richtigen' Paarungsverhaltens betrogen (Stufe 5-24), sondern hatte zu entscheiden, ob sie die Beziehung an diesem Punkt abbrechen oder sich dem Partner sexuell hingeben sollte."[20]

Die zeitliche Abfolge und die Geschwindigkeit, mit der Menschen sich bewegen, Dinge erledigen oder Termine planen, ist nichts, worüber sie gewöhnlich nachdenken. Und da die Menschen in ihrem jeweiligen sozialen Umfeld häufig im gleichen Tempo gehen, planen und Dinge tun, bestätigt dies den Eindruck von Normalität. „Normales" Verhalten zu hinterfragen, kann dagegen zu überraschenden Einsichten führen. Wenn unbewusste Zeitgewohnheiten plötzlich erkannt sind, bietet sich die Chance von Alternativen – der Käfig öffnet sich.

Da kulturelle Normen in der Regel unbewusst und außerdem mit Wertevorstellungen verknüpft sind, erleben Menschen das Aufeinandertreffen unterschiedlicher Normen häufig als „Fehlverhalten" des jeweils anderen, wie das Beispiel von Watzlawick zeigt. So behaupteten die in England stationierten amerikanischen Soldaten, die englischen Mädchen seien sexuell überaus leicht zugänglich, während diese ihrerseits erklärten, die amerikanischen Soldaten seien übertrieben stürmisch.

Ein anderes Beispiel für das Aufeinandertreffen unterschiedlicher Zeitvorstellungen findet sich in den Kriminalromanen von Tony Hillermann. Die Romane spielen in Neumexiko und zeigen sehr schön, wie die unterschiedlichen Geschwindigkeiten der Amerikaner europäischer und der indianischer Herkunft aufeinanderprallen und für Missverständnisse sorgen. Wenn Lieutenant Leaphorn von der Navajo Tribal Police in diesen Romanen Indianer befragt, spürt der Leser förmlich, wie Ruhe einkehrt. Geduldig wartet Leaphorn in solchen Fällen, bis der Kaffee ausgeschenkt ist und sein Gastgeber ihn nach langen Pausen, in denen die beiden still zusammensitzen, fragt, was sein Anliegen sei. Würde er der europäischen Vorstellung von Effizienz folgen und sofort zur Sache kommen, würden seine indianischen Gesprächspartner dies als grobe Unhöflichkeit bewerten, verletzt reagieren und sich ihm verschließen.

Während lange Pausen für den Indianer selbstverständlich zum Gespräch dazugehören, verunsichern sie den europäischen Gesprächspartner. Er beginnt, sich unwohl zu fühlen. Ob die gemeinsame Zeit als gut oder schlecht empfunden wird, hängt für ihn wesentlich davon ab, wie sie durch Gespräche oder andere Aktivitäten gefüllt wird. Einfach nur gemeinsam dazusitzen, empfindet er häufig als unangenehm.

Ähnliches gilt für den Austausch von Informationen. Während es für die Navajo wichtig ist, Detailinformationen immer wieder in den größeren Zusammenhang ihres Weltbildes zu stellen, gehören diese Reflexionen für die europäisch geprägten Polizisten „nicht zur Sache". Sie empfinden die langen Pausen und die weitläufigen Erklärungen ihrer indianischen Gesprächspartner als „verlorene Zeit". In einem Fall hört Leaphorn sich das auf Band aufgenommene Verhör einer Indianerin an und begibt sich daraufhin zu der Frau. Er bittet sie, das Verhör mit ihm noch einmal aufzunehmen; denn er habe bemerkt, wie ungeduldig sein weißer Kollege sie befragt und dabei überhört habe, wie sie mehrmals ansetzte, etwas Wichtiges zu erzählen.

Die Angehörigen eines Kulturkreises bewegen sich in einer gemeinsamen Vorstellung von Zeit, die ihnen so selbstverständlich und natürlich erscheint wie dem Fisch das Wasser. So, wie ein Fisch das Wasser als natürliche Bedingung seiner Existenz einfach hinnimmt, bewegen sich Angehörige einer Kultur in einer bestimmten „Zeitwelt", ohne diese normalerweise kritisch zu hinterfragen. Dass es auch andere „Zeitwelten" gibt, wird ihnen häufig erst in der Begegnung mit fremden Kulturen bewusst.

Wenn zwei verschiedene Zeitwelten aufeinander treffen, führt dies häufig zu Konflikten. Anstatt die eigenen Vorstellungen als „normal", „richtig", „angemessen" und die fremden als „falsch" und „unangemessen" zu bewerten, kann ein Vergleich helfen, eigene Zeitgewohnheiten zu überprüfen und damit verbundene Werte zu hinterfragen. Wenn es gelingt, die unbewussten Zwänge der eigenen Zeitkultur sichtbar zu machen, könnte dies Wege zu einem gelasseneren und entspannteren Umgang mit der Zeit eröffnen.

Zeit-Regeln im interkulturellen Vergleich

Pünktlich heißt zur rechten Zeit sein. Was „rechte Zeit" im einzelnen Fall bedeutet, kann allerdings in verschieden Ländern und in verschiedenen historischen Epochen etwas völlig anderes bedeuten. An der Vorstellung, was jeweils unter Pünktlichkeit verstanden wird, lassen sich ganz unterschiedliche Zeitkulturen erkennen. Wie sind Verabredungszeiten zu interpretieren? Was gilt als angemessen oder höflich? E. T. Hall nennt folgendes Beispiel:

> „Ein amerikanischer Spezialist hat in einem lateinamerikanischen Land mit dem zuständigen Minister einen Gesprächstermin. Einige Minuten vor dem vereinbarten Termin – dem amerikanischen Ausdruck von Respekt – kommt er in das Vorzimmer des Ministers. Nachdem er eine Viertelstunde gewartet hat, fragt er die Sekretärin, ob der Minister von seiner Anwesenheit wüsste, sie bestätigt ihm dies. Weitere Minuten verstreichen, und die Situation wird für den Amerikaner immer quälender, bis er nach 45 Minuten – dem Zeitraum, der im nordamerikanischen Kontext eine grobe Beleidigung bedeutet – der Sekretärin gegenüber in einen Anfall von Wut ausbricht." [21]

Hall weist darauf hin, dass für den Minister die 45 Minuten den Beginn der Warteskala darstellen, während sie für den Amerikaner das Ende sind. Er vergleicht dies mit einer Situation, in welcher der fremdländische Besucher eines nordamerikanischen Büros sich bereits nach sechzig Sekunden Wartezeit aufregt. Für die amerikanische Sekretärin wäre dies ebenso wenig verständlich, wie für ihre lateinamerikanische Kollegin die

Unruhe des Amerikaners nach 15 Minuten. Zeitrituale sind also ebenso aussagekräftig wie Worte und Gesten. Je nach Kontext lösen sie Gefühle aus: Unruhe, Anspannung, Ärger oder Freude und Sympathie, je nachdem, ob ein Beteiligter sich missachtet oder wertgeschätzt fühlt.

Eine ganz andere Vorstellung von Pünktlichkeit findet sich in folgendem Zitat über schwedische Einladungen: „Wenn die Einladung zum Abendessen für sieben Uhr ausgesprochen wurde, drücken Sie Punkt sieben Uhr auf die Klingel der Wohnung Ihres Gastgebers, und schon nach wenigen Minuten werden Sie am Tisch sitzen. Wenn ein Taxi Sie zu früh an Ihren Bestimmungsort gebracht hat, warten Sie unten. Vielleicht haben sich dort vor Ihrer Ankunft schon andere Gäste versammelt, aber erst wenn die Uhr des nächstgelegenen Kirchturmes sieben Uhr schlägt, läuten sie.“[22]

Wollte man die ausgewählten Beispiele in eine Reihenfolge bringen, so ergibt sich Folgendes: Der Schwede fühlt sich bis zu drei Minuten Abweichung von der vereinbarten Zeit noch wohl, der Amerikaner bis zu 15 Minuten und der Lateinamerikaner bis zu 90 Minuten, immerhin Abweichungen mit einem Faktor von 5 bis 30.

Während die Zeitspanne zwar unterschiedlich ist, ist der Maßstab jedoch in allen drei Fällen die Uhrzeit. Die abstrakte Norm, die Zeit in Minuten und Stunden einzuteilen, ist jedoch keineswegs selbstverständlich. Die Uhr, auch wenn sie uns in Fleisch und Blut übergegangen ist, existiert historisch betrachtet erst sehr kurz, und es gibt Beispiele, in denen die Kategorien Minuten und Stunden keinen Sinn ergeben. Für den Afghanen etwa, der in zwei aufeinander folgenden Jahren bei den Kaufleuten des Marktes von Kabul nach seinem Bruder forscht, weil er sich mit ihm dort im Sommer verabredet, aber nicht das Jahr festgelegt hat, ist die Frage nach Uhrzeit und Pünktlichkeit wenig ergiebig.

Dem Europäer ist es so vertraut, in Sekunden, Minuten, Stunden, Tagen und Monaten zu denken, dass es ihm schwer fällt, sich andere zeitliche Kategorien vorzustellen. Viele Völker jedoch strukturieren die Zeit nach dem, was konkret in der

Zeit passiert, z. B. nach sozialen Aktivitäten. Die Nuer im Sudan etwa haben jährlich einen Zeitabschnitt, in dem sie ihre Lager bei den Viehweiden aufbauen und eine Zeit, wo sie diese abbauen. Die Dauer bemisst sich also nicht nach einer bestimmten Anzahl von Stunden oder Tagen, sondern danach, wie lange man für die soziale Aktivität benötigt, d. h. in einem Jahr ist sie länger, in einem anderen Jahr kürzer. Ein weiteres Beispiel findet sich bei den Tiv in Nigeria. Dort dauert eine Woche fünf bis sieben Tage. Die einzelnen Tage sind nach regionalen Märkten benannt. Wechselt deren Rhythmus, wechselt die „Woche" entsprechend. Und die Sioux-Indianer hatten ursprünglich in ihrer Sprache keine Worte für „Zeit", „warten", „spät", weil ihrer Kultur solche Zeitkategorien völlig fremd sind. Sie können nicht sagen: „Der Sommer ist heiß", weil heiß und Sommer in ihrer Sprache identisch sind. Für sie würde sich das anhören, wie wenn wir sagen würden: „Der Apfel ist apfelig". Dazu folgende kleine Szene aus einem Kriminalroman von Hillermann: „,Ich wollte nicht, dass du zu spät kommst, sonst verpasst du ihn womöglich noch', sagte Leaphorn. ,Mr. Peshlakai und ich orientieren uns an der Navajo-Zeit', antwortete Louisa ruhig. ,Da gibt es kein ,zu spät'. Wir essen zu Abend, wenn er und ich da sind. Warum hast du es auf einmal so eilig?'"[23]

Bei den Navajo wird die Verabredung als ein Vorgang aufgefasst, der seine eigene Dynamik entfaltet. Das Warten darauf, dass etwas passiert, gilt als normal und wird von den Beteiligten als durchaus angenehm empfunden.

Zeitliche Spielregeln und die ihnen innewohnenden Werte

Die „stumme Sprache" zeitlicher Spielregeln beherrschen die Angehörigen eines Kulturkreises mit der Zeit so selbstverständlich wie ihre Muttersprache. Untersuchungen haben gezeigt, dass es durchschnittlich zwölf Jahre dauert, bis ein Kind des europäisch-amerikanischen Kulturkreises das Zeitsystem so verinnerlicht hat, dass es sich darin völlig natürlich bewegen kann. Zu der Leistung, die Kinder dabei erbringen müssen, gehört die Beherrschung der Zeitkategorien von Sekunde bis Jahr. Ein Gefühl dafür zu entwickeln, wie lange eine Minute, eine Stunde usw. dauert, will gelernt sein. Beobachtet man kleine Kinder, kann man leicht feststellen, dass sie mit solchen Kategorien erst einmal überhaupt nichts anfangen können und diese – für Erwachsene oftmals belustigend – verwechseln und fehlinterpretieren. Hinzu kommen unzählige allgemeine Ausdrücke (etwas dauert „lange", jemand kommt „bald" wieder, eine Angelegenheit ist „eilig", jemand hat „einen Moment Zeit", bestimmte Tatsachen sind „mittelfristig" wichtig usw.), deren Interpretation aus der Situation heraus gelernt sein will.

Kinder lernen, welche Zeitspanne mit welchem Ausdruck in einer bestimmten Situation gemeint ist. Gleichzeitig wird ihnen vermittelt, welche Zeitspanne in welcher sozialen Situation als richtig und angemessen zu empfinden ist: Was Pünktlichkeit in welcher Situation bedeutet, wann sie sich automatisch wohl und entspannt fühlen können oder umgekehrt unwohl und angespannt, all das ist Ergebnis eines anspruchsvollen und langdauernden Lernprozesses, an dessen Ende sie z. B. wissen, dass die Dame bei einem Rendezvous ein wenig später kommen darf, nicht jedoch der Herr, wenn er nicht ungalant sein will.

All diese Regeln existieren jedoch nicht isoliert, sondern sind mit bestimmten Werten verknüpft. Welche Werte und welche Vorstellungen stehen eigentlich hinter der westlichen Zeitkultur? Welche Zeitkultur ist mit der zunehmenden Beschleunigung und Zeitnot verbunden?

Pünktlichkeit im europäischen Kontext transportiert Werte wie Zuverlässigkeit, Vertrauenswürdigkeit und Wertschätzung. Termine, deren exakte Einhaltung mit hoher sozialer Wertigkeit behaftet ist, erzeugen bei den Beteiligten Druck. Dieser Druck wächst mit der Genauigkeit, mit der Pünktlichkeit gemessen wird: Stunden, Viertelstunden, Minuten oder Sekunden. Zu einer Messe beispielsweise, die drei Tage dauert, ist der Besucher drei Tage lang ‚rechtzeitig', d. h. der Druck ist relativ gering.

Warten dagegen erlebt der Europäer als höchst unangenehm. Über eine – je nach Kultur verschiedene – Grenze hinaus wird es als beleidigend und respektlos wahrgenommen. In den meisten Kulturen – wie in dem Beispiel von den Navajos – ist dies völlig anders. Der Drang der Europäer, Dinge unbedingt zu einem bestimmten Zeitpunkt erledigen zu wollen, empfinden die Menschen dort als ungeduldig, grobschlächtig und unhöflich. Dies leitet zu einem weiteren Glaubenssatz der westlichen Zeitkultur über: Zeit ist knapp, kostbar und muss um jeden Preis „genutzt" werden.

Man muss seine Zeit nutzen

Der Häuptling Tuiavii der Samoa Inselgruppe im Pazifik bereiste Anfang des zwanzigsten Jahrhunderts Europa. Seine kritischen Betrachtungen europäischen Lebens wurden nach der Rückkehr in seine Heimat von dem deutschen Missionar Erich Scheurmann aufgezeichnet und in einem kleinen Büchlein veröffentlicht.[24] Aus dem Blickwinkel seiner Kultur kritisiert Tuiavii die Lebensweise des Papalagi (des Europäers) mit einem erfrischend unverstellten Blick, ohne sich von den technischen Errungenschaften Europas sonderlich beeindrucken zu lassen. Über den Umgang des Papalagis mit der Zeit sagt er Folgendes: „Es gibt in Europa nur wenige Menschen, die wirklich Zeit haben. Vielleicht gar keine. Daher rennen auch die meisten durchs Leben wie ein geworfener Stein. Fast alle sehen im Gehen zu Boden und schleudern die Arme weit von sich, um möglichst schnell voranzukommen. Wenn man sie anhält, rufen sie unwillig: ‚Was musst du mich stören; ich habe keine Zeit, sieh zu, dass du deine ausnützt.' Sie tun gerade so, als ob ein Mensch, der schnell geht, mehr wert sei und tapferer, als der, welcher langsam geht."

Vielleicht hat Tuiavii hier den entscheidenden Punkt westlicher Zeitkultur getroffen: Als guter Mensch gilt, wer flink und tüchtig ist. Leistung als zentrale Wertkategorie verlangt von dem Menschen, dass er seine Zeit nutzt.

Schon Jugendlichen wird eingeimpft: „Nutze deine Zeit, mach etwas aus ihr!", „Sitz nicht herum, tu etwas!", „Vergeude deine Zeit nicht unnütz!" Die Vorstellung von der Zeit, die knapp und zu nutzen sei, wird dem Heranwachsenden vorgelebt und so eingetrichtert, dass sie ihm in Fleisch und Blut übergeht. Trifft er schließlich auf Menschen, deren Umgang mit der Zeit anderen Werten gehorcht, vermag er dies meist nur als Defizit wahrzunehmen.

Der Anthropologe Edward T. Hall vergleicht die westliche Vorstellung von Zeit mit einem leeren Behälter, der gefüllt werden will.[25] Der Behälter bewegt sich gleichmäßig wie auf einem Förderband. Wird Zeit vergeudet, gleitet der Behälter nur teilweise gefüllt weiter. Für Amerikaner ist jeder Behälter noch einmal aufgeteilt in Tage, Stunden und Sekunden. Wer immer gut gefüllte Behälter hat, kann stolz darauf sein. In den Augen der Gesellschaft hat er es „geschafft", ist erfolgreich und tüchtig. Mit anderen Menschen einfach nur zusammen zu sein und den Tag zu verbringen, gehört dagegen in die Kategorie „leerer Behälter", d. h. vergeudete Zeit.

Nach anderen Maßstäben beurteilt handelt es sich hierbei freilich um alles andere als verschwendete Zeit. Menschen können ein sehr produktives Leben führen, indem sie sich ermutigend, hilfreich und unterstützend gegenüber anderen Menschen verhalten, anstatt unaufhörlich ihre „Zeitbehälter" zu füllen. Ihnen wird jedoch in der westlichen Kultur oft zu verstehen gegeben, dass sie aus ihrem Leben „nicht viel gemacht" haben, weil ihre Behälter nicht so voll sind wie die anderer, „erfolgreicher" Menschen.

Verglichen mit der Zeitauffassung der Quiché, einem guatemaltekischen Indianerstamm, erscheint die westliche Vorstellung von Zeit sehr eindimensional und selbstzentriert. Zeit erfüllt bei den Quiché viele verschiedene Funktionen, die sich auf ihre Religion, ihr Wirtschaftsleben, ihre Familie, ihr persönliches Wohlergehen, ihre Dorfgemeinschaft und vieles andere mehr beziehen. Jeder einzelne Tag hat einen sehr individuellen Charakter, der von dem Quiché intensiv bedacht und bestimmt sein will. Seine Gestaltung gleicht einem künstlerischen

Prozess, dem Verfassen eines Gedichtes oder dem Malen eines Bildes. Gelingt er, kann er ein Kunstwerk werden. Misslingt er, weil die richtigen zeitlichen Proportionen und Bezüge nicht gefunden werden, ist das ein Unglück.

Die westliche Vorstellung von der Zeit, die genutzt werden muss, um aus seinem Leben etwas zu machen, ist darüber hinaus eng verknüpft mit der zentralen Rolle des Geldes in der Marktwirtschaft.

Zeit ist Geld: Die Kultur permanenter Zeitnot

Marktwirtschaft beruht auf dem Wettbewerb der Anbieter. Erfolgreich sind diejenigen, denen es gelingt, produktiver zu sein als ihre Mitbewerber. Wer mit demselben Zeitaufwand mehr oder bessere Produkte (Dienstleistungen, Ideen usw.) produziert, kann mehr und mit größerem Gewinn verkaufen. Der Wettbewerb am Markt ist die Triebkraft für die enorme Dynamik und den technologischen Fortschritt, der die Marktwirtschaft bisher allen anderen Gesellschaftsformen überlegen macht.

Wirtschaftlicher Erfolg bedeutet Geld, Geld bedeutet all das, was gesellschaftliche Wertschätzung in der Marktwirtschaft beinhaltet: die Fähigkeit, teure Produkte zu kaufen und zu konsumieren, Macht, Ansehen ... Betrachtet man die vielen Zeitschriften, die Klatsch und Tratsch über Menschen verbreiten, so berichten sie fast ausschließlich über Filmstars, Sportler, Manager und Politiker, Menschen also, die ihre Zeit dahingehend genutzt haben, Reichtum und Macht zu erwerben. Eine Boulevardpresse, die über besonders weise, liebenswürdige oder hilfsbereite Menschen berichtet, die weder reich noch mächtig sind, ist in der westlichen Kultur kaum denkbar. Ohne Geld ist man ein armer Schlucker, Geld ist der zentrale Wertmaßstab der Marktwirtschaft.

Häuptling Tuiavii, der unbestechliche Beobachter, weist jedoch darauf hin, dass Geld und europäische Tüchtigkeit nicht unbedingt mit Lebensfreude und einer menschenfreundlichen Zeitkultur gleichzusetzen sind: „Der Papalagi wendet seine ganze Kraft auf und gibt alle seine Gedanken daran, wie er die Zeit möglichst dick machen könne. Er nutzt das Wasser und Feuer, den Sturm, die Blitze des Himmels, um die Zeit aufzuhalten. Er tut eiserne Räder unter seine Füße und gibt seinen Worten Flügel, um mehr Zeit zu haben. – Und wozu all die Mühe? Was macht der Papalagi mit seiner Zeit? Ich glaube, die Zeit entschlüpft ihm wie eine Schlange in nasser Hand, gerade weil er sie zu sehr festhält. Er lässt sie nicht zu sich kommen. Er jagt immer mit ausgestreckter Hand hinter ihr her, er gönnt ihr die Ruhe nicht, sich in der Sonne zu lagern. Sie soll immer ganz nahe sein, soll etwas singen und sagen. Die Zeit aber ist still und friedfertig und liebt die Ruhe und das breite Lagern auf der Matte. Der Papalagi hat die Zeit nicht erkannt, er versteht sie nicht, und darum misshandelt er sie mit seinen rohen Sitten."[26]

Tuiavii beschreibt den Gegensatz zwischen dem technischen Fortschritt und dem Zeitmangel der Europäer, der immer noch weiter zugenommen hat, seitdem diese Zeilen geschrieben wurden. Der Transport von Menschen, Gütern und Nachrichten hat sich auf unvorstellbare Weise weiter beschleunigt – um Zeit zu sparen. Doch die Zeitnot der Europäer wurde dadurch nicht geringer, sondern größer. Es lohnt sich, einmal genauer hinzuschauen, warum ihre Rastlosigkeit gerade in den letzten Jahren immer noch weiter zugenommen hat. Zu den Ursachen einige Thesen:

1. Die gesellschaftlichen Prozesse, die zeitlich koordiniert werden müssen, haben an Zahl und Komplexität stark zugenommen. Daher müssen die Menschen, die an diesen Prozessen teilnehmen, immer öfter und genauer auf die Zeit achten. Beispiele: Fahrpläne, Funk und Fernsehen, Geldanlagen, Produktionsprozesse, Freizeitaktivitäten.

2. Die einzelnen Prozesse verdichten sich immer stärker und sind daher immer zeitsensibler.
   Beispiel a: Durch ein ausgeklügeltes System erreichen Luftfahrtgesellschaften, dass ihre teuren Maschinen weltweit möglichst wenig am Boden, sondern hauptsächlich in der Luft im Einsatz sind, um im Preiswettbewerb bestehen zu

können. Kleine Verspätungen durch Wetter oder überfüllte Lufträume können das gesamte System durcheinander bringen.

Beispiel b: Bei einem Automobilhersteller werden Entwicklungsarbeiten verschiedener Zulieferer und konzerneigener Stellen durch eine neue Software miteinander vernetzt. Die Messdaten, die bisher auf Papierformularen zwischen den beteiligten Stellen kommuniziert wurden, stehen jetzt auf einem virtuellen Formular allen Beteiligten sofort zur Verfügung. Die Entwicklungszeiten konnten dadurch drastisch reduziert werden, der Druck, Zeiten einzuhalten, hat gleichzeitig enorm zugenommen, weil jede individuelle Verzögerung das gesamte System hemmt. Der Zwang, schnell zu reagieren, ist deutlich größer geworden.

3. Die Zeiteinheiten, mit denen die Wirklichkeit gemessen wird, werden in den unterschiedlichsten Bereichen immer kleiner. Unternehmensberichte etwa werden heute im Quartal statt halbjährlich verfasst. Bei sportlichen Wettkämpfen kommt es auf Hundertstel von Sekunden an, und der Datenaustausch in Computersystemen geschieht in Nanosekunden.

4. Die Ökonomisierung von Staat und Politik hat zugenommen. Die Dynamik der allgemeinen Beschleunigung geht von der Wirtschaft, d. h. einem Sektor der Gesellschaft, aus. Eine Politik, die versucht, sich korrigierend gegen Wirtschaftsinteressen zu stellen, wird erbarmungslos abgestraft, indem die Kapitalgeber sich aus einem Standort zurückziehen. Zwar hat es schon vor hundert Jahren Kapitalbewegungen gegeben, wenn Profite bedroht waren. Aber noch nie waren Kapitalbewegungen rund um den Globus so schnell und so leicht möglich. Außerdem werden immer mehr Bereiche, die früher staatlich organisiert waren – Post, Telekommunikation, Verkehr, Entsorgung usw. –, privatisiert und in die – beschleunigende – Dynamik kapitalistischer Verwertung eingegliedert.

5. Die Religion als Orientierung an ethischen – d. h. v. a. auch immateriellen – Werten verliert immer weiter an Boden. Vorbei die Zeiten, in denen der Sonntag heilig und das Wort

christlicher Würdenträger zu Tagesfragen unmittelbares Gewicht hatte. Man mag dies begrüßen oder beklagen – als Kraft, die etwa die gesellschaftliche Wirkung ökonomischer Faktoren mildern oder korrigieren könnte, fällt sie aus. Leicht ist dies an öffentlichen Diskussionen zu erkennen: Eher selten werden Standpunkte oder Entscheidungen christlich-ethisch begründet, fast immer damit, dass sie für die wirtschaftliche Entwicklung gut oder schlecht sind.

Die genannten Entwicklungen, auch wenn sie unmittelbar nichts miteinander zu tun haben, wie etwa die Rolle der Kirchen auf der einen und technologische Entwicklungen auf der andren Seite, verstärken doch die Dynamik der Beschleunigung. Der damit verbundene technologische und wirtschaftliche Fortschritt führt jedoch nicht automatisch zu höherer Lebensqualität, wie schon Tuavii feststellte. Was soll also der ganze Fortschritt, wenn es den Menschen damit nicht wirklich besser geht?

Geld kann man nicht essen

Zu dieser Erkenntnis kam schon der sagenhafte König Midas, als er Essen und Trinken mit seiner Berührung in Gold verwandelte. Sein Wunsch, dass alles zu Gold werde, was er anfasste, war ihm vom Gott Dionysos erfüllt worden.

Die westlichen Industrienationen haben einen materiellen Reichtum geschaffen, der selbst für König Midas kaum vorstellbar gewesen sein dürfte. Und wie Midas müssen die Europäer, die ihre Zeit nutzen, um materielle Reichtümer anzuhäufen, dafür einen hohen Preis zahlen: Menschen aller Alters- und Berufsgruppen leiden unter den Folgen einer Zeitkultur, in der alles immer schneller gehen muss. Viele Menschen können auf Grund ständiger Reizüberflutung und Anspannung nicht mehr „abschalten". Körperliche Beschwerden, Kopfschmerzen, Konzentrations- und Schlafstörungen sind die Folge. Die Medizin geht heute davon aus, dass Hörstürze, Magengeschwüre, Herzinfarkte, Bandscheibenvorfälle, um nur einige Erkrankungen zu nennen, durch Stress begünstigt werden. Nicht selten berichten Stressgeplagte von Rastlosigkeit, Unausgeglichenheit und einem Mangel an Lebensfreude.

König Midas rettete ein Bad im Fluss Paktolos, der seitdem Gold führt, vor dem Hungertod. Doch welche Therapie hilft dem geplagten Zeitgenossen gegen die Folgen seiner Zeitnot? Wenn „Zeit Geld ist", lohnt es sich, einen Blick auf die verdeckten Motive der allgegenwärtigen Jagd nach dem Geld zu werfen, um so mit der durch sie bedingten Zeitnot besser umgehen zu können.

Wieviel Geld kostet ein glückliches Leben?
Innere und äußere Ziele

Es gibt kaum einen Menschen, dessen persönliche Zielsetzungen keine Geldkomponente enthalten. „Wenn ich erst reich bin, dann ..." Geld ist Mittel, um Wünsche zu verwirklichen. Genaueres Nachforschen fördert jedoch häufig zutage, dass hinter dem äußeren Ziel, Millionär zu werden, andere, so genannte „innere" Ziele, versteckt liegen. Verfolgt man, was Menschen mit der Befriedigung materieller Wünsche, die sie sich als Millionär leisten könnten, verbinden, landet man schnell bei solchen Qualitäten wie: Sehnsucht nach Wertschätzung und Liebe, nach Sicherheit, nach Spontaneität und Leichtigkeit im Leben, nach gemeinsamem Genuss mit geliebten Menschen, nach Zeit füreinander.

Es gibt Untersuchungen über die Gewinner großer Geldsummen im Lotto. Die wenigsten sind durch das Geld glücklich geworden. Weniger spricht das bei genauer Betrachtung gegen Reichtum und Erfolg als dafür, die Kunst, glücklich zu sein, heute zu üben anstatt sie auf morgen zu verschieben. Viele erreichen ihre äußeren Ziele nicht und fühlen sich deshalb frustriert. Andere haben die berufliche Karriere, das Vermögen, nach dem sie mit aller Energie strebten, erlangt und fühlen sich, am Ziel angekommen, ausgebrannt und gehetzt. Den Kopf voll mit Aktienkursen und beruflichen Sorgen, beseelt sie, wenn sie abends müde und abgespannt im Bett liegen, der Gedanke: „Wenn ich erst mal meinen Job hinter mir habe und nicht mehr arbeiten muss, dann werde ich mein Leben genießen ..."

Welche praktischen Alternativen bieten sich also, die eigene Zeitkultur befriedigend zu gestalten, ohne sich dabei von der Jagd nach Geld und Erfolg den Kopf vernebeln zu lassen?

Ganz entspannt im Hier und Jetzt: Ansätze für eine flexiblere und entspanntere Zeitkultur

Alternative Entwürfe zur Marktwirtschaft, die alle und alles zur Eile antreibt, sind nicht in Sicht. Von außerökonomischen Kräften, Politik und Religion, ist keine große Hilfe zu erwarten. Die Lösungsvorschläge laufen auf individuelle Lösungen für eine menschenfreundlichere Zeitkultur hinaus.

Deshalb ist es sinnvoll, sich häufig mit den eigenen „inneren" Zielen zu beschäftigen, um Klarheit darüber zu gewinnen, was genau hinter der Jagd nach materiellem Reichtum steckt. Ist der Wunsch nach Spiel, Erholung Lebensfreude, Anerkennung, Spontaneität, Liebe usw. erst einmal bewusst gemacht, eröffnen sich Möglichkeiten, wie man diese Ziele unmittelbar im Alltag erreichen kann. Man kann sich jeden Tag die Fragen stellen: „Was kann mich heute glücklich machen?" oder „Was tut mir jetzt, in diesem Moment, gut?" Zufriedenheit und Lebensfreude müssen nicht auf den Zeitpunkt verschoben werden, wenn man reich oder im Ruhestand ist.

Ein zweiter sinnvoller Vorschlag stammt von Robert Levine. Er bezieht sich auf die Beobachtung, dass äußere Anforderungen im Alltag immer mehr zunehmen und die Menschen darauf allzu oft nur noch reagieren, ohne vorher zu überlegen, ob die Reaktion sinnvoll und überhaupt notwendig ist: „Ich beschloss, jedes Mal, wenn ich etwas zu tun hatte (...), meiner reflexartigen Reaktion zuvorzukommen. Ich würde innehalten und mir dann zwei Fragen stellen: Erstens, ist das etwas, was ich unbedingt tun muss? Und zweitens, ist das etwas, was ich tun möchte? Falls nicht die Antwort auf mindestens eine der

Fragen ‚ja' lautet, würde ich meine Zeit nicht in dieses Vorhaben stecken."[27]

Die westliche Zeitkultur ist oft von einer zwanghaften Rastlosigkeit und Eile geprägt. Das von Levine vorgeschlagene Innehalten, verbunden mit den beiden Fragen, kann dabei behilflich sein, bewusster mit gewohnheitsmäßigem Zeitdruck umzugehen und dadurch selbstbestimmter zu leben.

Drittens kann man lernen, den verengten Zeithorizont wieder zu weiten. Je enger die Perspektive, dass eine Aufgabe, ein Brief, ein Anruf, ein Treffen „jetzt" stattzufinden habe, desto größer der Druck. Hier kann die Frage lauten: „Wie wichtig und wie dringend ist das, was ich jetzt glaube, tun zu müssen, wenn ich in einem Monat (oder einem Jahr) darauf zurückblicke?" Es ist wirklich überraschend, wie viele Angelegenheiten, mit denen man sich selber unter Druck setzt, sich aus einer anderen Perspektive vollkommen entspannt betrachten lassen.

Für die Terminplanung bedeutet dies, wichtige Aufgaben vor dem Hintergrund längerer Zeiträume zu verfolgen, um so den Zeithorizont zu weiten. Eine praktische Maßnahme kann beispielsweise darin bestehen, der Wochen- gegenüber der Tagesplanung mehr Gewicht zu geben.

Übungen

1. Entspannungsübung

Sie benötigen dafür einen Ort, an dem sie zehn Minuten lang wirklich ungestört sind. Sie können sich dafür hinlegen oder bequem hinsetzen. Eine gute Möglichkeit besteht darin, die Augen zu schließen und sich für einige Momente vollkommen auf Ihren Atem zu konzentrieren. Nehmen Sie Ihren eigenen Atem ganz bewusst wahr, ohne ihn irgendwie beeinflussen zu wollen. Spüren Sie einfach, wie der Atem ganz von selber ein- und ausfließt. Stellen Sie sich dann vor, dass mit jedem Einatmen Ruhe und Gelassenheit zusammen mit dem Sauerstoff in Ihren Körper hineinfließen und sich dort ausbreiten. Mit jedem Ausatmen stellen Sie sich vor, wie Sie Anspannung und Nervosität einfach loslassen und zusammen mit der verbrauchten Atemluft nach außen abgeben. Als nächstes spüren Sie das Gewicht Ihres Körpers ... und nehmen wahr, wie Ihr Körper auf der Unterlage aufliegt.

Wandern Sie dann mit Ihrer Wahrnehmung Stück für Stück durch alle Regionen des Körpers: Gesicht, Kiefer, Hals, Schultern, Brust, Bauch, Rücken, Becken, Oberschenkel, Waden, Füße. Bei jedem Körperteil stellen Sie sich vor, wie sich die Spannung löst und einem wohligen Entspannungszustand Platz macht.

Wenn jeder einzelne Teil Ihres Körpers entspannt ist, ruhen Sie sich etwa zwei bis drei Minuten in diesem Zustand aus. Seien Sie danach bereit, in Ihren normalen Wachzustand zurückzukehren. Folgen Sie dem ersten Impuls, sich zu bewegen, nehmen Sie einen tiefen Atemzug, ballen Sie die Fäuste, öffnen Sie die Augen und fühlen Sie die Frische, Lebendigkeit und Wachheit in Ihrem Körper.

2. Visualisierungsübung

Beginnen Sie die Visualisierung mit einer kurzen Entspannung. Geeignet ist auch die Zeit direkt nach dem Aufwachen oder vor dem Einschlafen im Bett, weil Sie sich dann in einem natürlichen Entspannungszustand befinden. Wenn Sie sich angenehm entspannt und ruhig fühlen, lassen Sie vor Ihrem inneren Auge das Bild einer Situation oder einer Tätigkeit entstehen, die Sie an dem vor Ihnen liegenden Tag in großer Gelassenheit und mit innerer und äußerer Ruhe durchleben wollen.

Stellen Sie sich die Situation vor, in der Sie diese Qualität von Ruhe und Gelassenheit verwirklichen. Wie sieht diese Situation aus? Welches Gefühl ist für Sie mit dieser Situation verbunden, wenn Sie Ihnen wirklich überzeugend gelingt? Nehmen Sie dieses Gefühl ganz bewusst wahr und erlauben Sie ihm, sich in Ihrem Körper noch etwas intensiver auszubreiten.

Spüren Sie das gute Gefühl, vollkommen in einer Sache aufzugehen, ohne irgendwelchen Zeitdruck. Erlauben Sie sich, diese Situation aus vollem Herzen zu genießen, und lassen Sie ein Wort oder einen Satz auftauchen, der diese erfreuliche Situation wiedergibt. Wiederholen Sie das oder die Worte einige Male beim Ausatmen. Genießen Sie dabei das warme, entspannte und gute Gefühl.

Und zum Schluss verabschieden Sie sich von dieser Situation. Sie wissen, dass Sie Ihr Schlüsselwort und das damit verbundene Gefühl von Freude und Zuversicht in Ihren normalen Wachzustand mitnehmen können. Und wie der Atem Sie in die Entspannung hineinbegleitet hat, so begleitet er Sie jetzt wieder hinaus.

Anfangs ist es am einfachsten, sich auf eine Situation aus Ihrem Alltag zu konzentrieren. Wichtig ist, dass Ihr inneres Bild mit einem überzeugenden und für Sie guten Gefühl verbunden ist. Im Laufe eines Arbeitstages können Sie sich zwischendurch kurz an diese angenehme Erfahrung erinnern.

Wenn Sie drei Tage regelmäßig geübt haben, können Sie eine zweite und dritte Situation in Ihr Übungsprogramm mit aufnehmen – falls Sie dies wünschen.

3. Aktion

Notieren Sie sich eine der im Folgenden genannten Fragestellungen auf einem Zettel, den Sie in der Tasche, im Portemonnaie oder auf Ihrem Schreibtisch ablegen, um von Zeit zu Zeit immer wieder daran erinnert zu werden.

A. Erstens, handelt es sich bei diesem Vorhaben um etwas, was ich unbedingt tun muss? Und zweitens, ist es etwas, was ich tun möchte? Falls nicht die Antwort auf mindestens eine der Fragen „ja" lautet, stecken Sie keine Zeit in das Vorhaben.

B. Wie wichtig und wie dringend ist das, was ich jetzt glaube, tun zu müssen, wenn ich in einem Monat (oder einem Jahr) darauf zurückblicke?

Stellen Sie sich diese Fragen bei Ihrer täglichen Planung und vor jeder Aufgabe, die Sie beginnen. Nach drei Wochen werden Sie merken, wie Ihr Zeitdruck nachlässt und Sie in der Lage sind, gelassener an Ihre Aufgaben heranzugehen.

Prolog 6

Weimar, im Dezember

Fritjof Sommer und Johannes Wissmann treffen sich in Schloss
Kromsdorf am Rande Weimars. Johannes sieht etwas blass
aus. Fritjof spricht ihn darauf an.

Fritjof: „Du siehst etwas angeschlagen aus."

Johannes: „Stimmt! Vor zwei Tagen bin ich von einer Ge-
schäftsreise aus den USA zurückgekehrt. Die Zeitverschiebung macht mir jedes Mal zu schaffen. Ich schlafe schlecht
und fühle mich zerschlagen."

Fritjof: „Hast du dir einen Tag Zeit nehmen können, um
dich vom Jetlag zu erholen?"

Johannes: „Nein, in meinem Büro wartete zuviel Arbeit.
Ich musste in Berlin sofort weitermachen. – Immer das lästige
Thema Zeit, offenbar kommen wir davon nicht los."

Fritjof: „Nein, offenbar nicht. Wir sind Zeitwesen. Der Körper hat seinen eigenen Rhythmus."

Johannes: „Das fällt mir morgens immer auf, wenn ich eine
Minute, bevor der Wecker klingelt, aufwache."

Fritjof: „Ein typischer Fall von innerer Uhr. Genau genommen gibt es nicht nur eine innere Uhr, sondern viele kleine
Uhren, die in ihren unterschiedlichen Rhythmen zusammen-
wirken: Blutdruck, Körpertemperatur, Hormonspiegel, die Anzahl der weißen Blutkörperchen im Blut und noch viele andere
Körperfunktionen bewegen sich in regelmäßigen Rhythmen.
Wenn wir sie besser kennen und respektieren, geht es uns auch
besser."

Johannes: „Beim Jetlag kann ich mir den Zusammenhang
noch vorstellen – aber was haben meine weißen Blutkörperchen mit meiner täglichen Zeiteinteilung zu tun?"

Fritjof: „Dein Körper und dessen Gesundheit ist die Basis

für alles, was du tust. Unsere Leistungsfähigkeit und unsere Befindlichkeit beruhen unmittelbar auf den inneren Rhythmen des Körpers. Wir durchlaufen z. B. täglich eine Leistungskurve mit Hochs und Tiefs. Viele spektakuläre Unfälle von Tschernobyl bis zur Havarie des Tankers Exxon Valdez haben sich in den frühen Morgenstunden ereignet, also dann, wenn die Leistungskurve der Beteiligten auf ihrem absoluten Tiefpunkt war."

Johannes: „Hm, es scheint also tatsächlich Sinn zu machen, bei der Arbeitsorganisation die eigenen Rhythmen zu berücksichtigen ..."

Fritjof: „Auf jeden Fall! Was macht eigentlich dein Tennis?"

Johannes: „Tja, die Frage ist mir etwas peinlich. Ich hatte vor, das Trainieren flexibel zu handhaben; das heißt, immer dann zu spielen, wenn ich Lust und Zeit habe. Das Resultat ist nicht gerade ermutigend: Ich habe den Schläger seit Wochen nicht mehr angefasst! Es gibt immer etwas anderes, das wichtiger zu sein scheint."

Fritjof: „Ein schönes Beispiel zu unserem Thema Zeit und Rhythmus. Ich habe immer wieder ähnliche Erfahrungen gemacht! Oft ist es sinnvoll, etwas, was mir wichtig ist, so regelmäßig in den Tages- oder Wochenrhythmus einzuplanen, dass es zur festen Gewohnheit wird. So habe ich es beispielsweise geschafft, jeden Morgen eine Runde zu joggen. Anfangs konnte ich mich nur deshalb aufraffen, weil mein Hund vor die Tür musste. Nach einer Weile fehlte mir etwas, wenn ich nicht laufen konnte."

Johannes: „Willst du jetzt vielleicht in einer Welt, in der Veränderungen immer mehr zunehmen und Flexibilität alles ist, ein Loblied auf die Gewohnheiten und die Regelmäßigkeit anstimmen?"

Fritjof: „Warum nicht? Ich muss ständig improvisieren und mit Veränderungen leben. Das macht mir durchaus Spaß – gleichzeitig genieße ich es jedoch, mir einen festen Rahmen zu schaffen. Rhythmus heißt ja regelmäßige Wiederkehr von etwas Gleichartigem. Gewohnheiten und Regelmäßigkeit geben mir die Sicherheit, ja, ich möchte sagen: die Behaglich-*

keit, die ich brauche, um flexibel sein zu können. Wenn Jazz-musiker gemeinsam improvisieren, dann haben sie verbind-liche Akkorde und Rhythmen, damit die Improvisation gelingt und sich schön anhört!"

Johannes: „Du hast mich mal wieder überzeugt. Aber wie spielt das Thema Gesundheit da hinein?"

Fritjof: „Man vermutet, dass die Rhythmen der inneren Uhren den Körperfunktionen und Organen erlauben, sich zu regenerieren. Warum sollte das beim Menschen insgesamt an-ders sein? Regelmäßige, d. h. rhythmische Erholungsphasen sind wichtig."

6. Rhythmus – Tanz des Lebens

Rhythmen des Alltags wieder entdecken

Die biologischen Grundlagen des Menschen sind geprägt von rhythmischen Prozessen. Das soziale Leben lässt sich nur unter Berücksichtigung der biologischen Rhythmen gestalten, sonst macht es den Menschen krank. Die modernen technologischen Möglichkeiten und die globale Gleichzeitigkeit des weltumspannenden Kommunikationsnetzes erlauben dem Menschen, sich von seinen rhythmischen biologischen Wurzeln immer weiter zu entfernen. Doch das führt oft zu schwerwiegenden Problemen.

Auch hier kann die Kunst des Verlangsamens helfen, indem sie dabei hilft, den eigenen Rhythmus zu finden. Den Alltag durchziehen eine Vielzahl von Rhythmen. Die Balance zwischen Arbeit und Freizeit, zwischen Anstrengung und Erholung ist z.B. ein rhythmischer Prozess, und es bedeutet Lebenskunst, die Rhythmen des Alltags immer wieder so zu gestalten und zu verbinden, dass daraus Wohlbefinden und Gesundheit resultieren können.

Rhythmen sind charakterisiert durch Polarität und Ausgleich. Wie ein Pendel hin- und herschwingt, wechseln unterschiedliche Aktivitäten und Bedürfnisse. Rhythmische Prozesse sind flexibel, sie kehren immer wieder und erneuern sich beständig. So wechselt z.B. das Bedürfnis, sich zurückzuziehen, um dann wieder mit Freunden und Familie zusammen zu sein. Ebenso handelt es sich bei wiederkehrenden Aufgaben wie Teamsitzungen bzw. Arbeitsbesprechungen im beruflichen Umfeld um Rhythmen.

Eigenzeiten und Rhythmen sind auf das Engste miteinander verknüpft. Zum einen benötigen Körper, Geist und Seele wiederkehrende Zeiten der Verlangsamung, um im schnellen Takt des modernen Lebens innezuhalten, zu reflektieren und sich zu regenerieren. Diese Zeitinseln sind also selber Teil des Lebensrhythmus. Zugleich helfen sie, einen eigenen Rhythmus zu finden und ihm – als Gegenpol zu den Anforderungen von außen – Raum zu geben.

Vom biologischen Ursprung aller Rhythmen

Rhythmen bestimmen nicht nur unser soziales Leben, sondern die vitalen Grundlagen unserer Existenz: Herzschlag, Atem, Schlafen und Wachen. Der Rhythmus ist von Beginn an wesentliches Merkmal alles Lebendigen, seit vor etwa 3,5 Milliarden Jahren der Übergang von anorganischen zu organischen Strukturen stattfand. Der „warme kleine Tümpel", den Charles Darwin als Ursprung des Lebens ausmachte, ist auch als Ursuppe bekannt. Die Umwelt, die diese ersten organischen Verbindungen hervorbrachten, war nach heutigen Maßstäben nicht sehr freundlich: „Die Tage dauerten höchstens 18 Stunden. Die Atmosphäre bestand zum größten Teil aus Wasserstoff. (...) Ultraviolette Strahlung, die für heutige Lebensformen tödlich ist, bestrahlte damals die ganze Erdoberfläche. (...) Die natürliche Radioaktivität war viel stärker, als sie es heute ist. Wie in einem Frankensteinfilm blitzte und donnerte es immerzu, die Erde bebte, Felsen rollten und brachen, die Erde vibrierte in vielen Frequenzen. Außer Blitzen gab es andere elektrische Entladungen; es gab Schockwellen und große, schnelle Temperaturschwankungen."[28]
   Die Entwicklungsgeschichte der Lebewesen, die Biogenese, ist Gegenstand intensiver Forschung, doch was uns hier v. a. interessiert, ist die Beobachtung Darwins, dass die Differenzierung und Entfaltung des Lebens auf der Erde mit der Anpassung der lebendigen Organismen an ihre natürliche Umgebung einhergeht. Diese Umgebung ist jedoch rhythmisch strukturiert: Tage und Nächte wechseln miteinander ab, die Jahreszeiten folgen einander, die Gezeiten folgen dem Wechsel von Ebbe und Flut. Diejenigen Organismen, die den Rhythmus ihrer

Umgebung aufnehmen und nachahmen konnten, waren im Vorteil gegenüber ihren Mitbewerbern, die das weniger gut konnten: Dasjenige Wesen unter unseren weitläufigen Vorfahren, das beispielsweise an der Grenze zwischen Festland und Meer existierte und durch Mutationen seinen Organismus auf den Wechsel der Gezeiten fein einstellen konnte, hatte Vorteile, was Nahrung und Überleben seiner Spezies betraf.

Die Rhythmen der Organismen, die sich unter dem Einfluss des natürlichen Lebensumfeldes entwickelten, sind unglaublich vielfältig. Europäische Singvögel beginnen im Frühjahr zu zwitschern und Nester zu bauen, andere Vögel versammeln sich im Herbst, um nach Afrika zu fliegen. Der Fisch Leuresthes tenuis in Südkalifornien laicht in Nächten nach Vollmond oder Neumond während einer Hochflut in den Sand der Küste. Vierzehn Tage später werden die Eier von der nächsten Hochflut freigewaschen, alle Fische schlüpfen gleichzeitig und werden vom ablaufenden Wasser ins Meer getragen. Fällt die Flut aus, können die Eier noch 14 Tage später freigewaschen werden.

Die Lebewesen stellen sich nicht nur auf die unmittelbaren Zyklen der Himmelskörper ein, sondern auch auf die anderer Lebewesen ihres Lebensraumes. Die Pflanze Gilia aggregata in den USA beispielsweise verändert ihre Blütenfarbe von rosa im Juli zu weiß im September, um unterschiedliche Bestäuber anzulocken.

Die regelmäßigen Veränderungen ihrer Umgebung, an die die Lebewesen sich in Millionen von Jahren anzupassen lernten, sind in ihren DNS-Molekülen abgespeichert, d. h. im innersten Bauplan des Lebens. Und selbst dieser Bauplan ist in sich nicht statisch, sondern rhythmisch strukturiert, wie der amerikanische Zeitforscher Julius T. Fraser anschaulich beschreibt: „Das DNS-Molekül ist ein Gebilde aus Millionen von Atomen, das ständig wackelt und schwingt und sich bewegt, als ob es atme. Seine Schwingungsrate reicht über das ganze elektromagnetische Spektrum von den Radiowellen bis zum Infrarot. (...) Dieses schwirrende, summende, atmende, tanzende System bleibt ein einziger winzig-riesengroßer Uhrenladen (...)."[29]

Auch das Leben selbst ließe sich als ein gewaltiges Musikstück beschreiben, das in vielen verschiedenen Rhythmen schwingt. Fraser fasst die vielen „inneren Uhren", die der menschliche Organismus koordiniert, im Bild des Orchesters: „Dies sind die internen, für den Lebensunterhalt wichtigen Rhythmen. (...) Am schnellsten ticken die Atome und Moleküle des Körpers, so etwa die der Haut, die auf ultraviolettes Licht reagieren (...). Diese Uhren schwingen etwa mit 10 hoch 16 Hz, ein einzelner Zyklus dauert also 10 hoch minus 16 Sekunden. (...) Beim Stoffwechsel erstrecken sich die Schwingungsperioden von wenigen Sekunden bis zu wenigen Minuten. (...) Das Verhältnis der schnellsten zur langsamsten Schwingung ist bei biologischen Uhren 10 hoch 24:1, ein ungeheurer Bereich. Musiker nennen einen Frequenzbereich von 2:1 eine Oktave. Die Instrumente des Lebensorchesters erstrecken sich über 78 Oktaven. Im Leben spielen sich biologische Rhythmen ab, die zyklisch wiederkehren: Es ist eine vom Leben selbst zusammengestellte Musik." [30]

Drei Biorhythmen des Alltags: Ultradiane, zirkadiane und infradiane Rhythmen

Während die sehr feinen und schnellen Schwingungen auf molekularer Ebene für die Arbeit des Biologen und Arztes bedeutsam sind, sollen hier jene Rhythmen näher betrachtet werden, die den menschlichen Alltag beeinflussen. Im Wesentlichen werden dabei drei Arten von Rhythmen unterschieden: ultradiane, zirkadiane und infradiane.

Ultradiane Rhythmen wurden zunächst in der Schlafforschung als 90-Minuten-Rhythmus zwischen Tiefschlaf- und Traumphasen bekannt. Später stellte man fest, dass sie sich auch tagsüber in den Wachphasen fortsetzen. Sie strukturieren jeden einzelnen Tag, die Nahrungsaufnahme, den Wechsel zwischen Ruhe und Aktivität. Wissenschaftler, die diese Biorhythmen erforscht haben, plädieren für Minutenpausen in Form von kurzem Innehalten, Bewegungs-, Dehn- oder Entspannungsübungen nach ein, spätestens aber nach zwei ultradianen Zyklen, um die Leistungsfähigkeit zu unterstützen und die Gesundheit zu erhalten. Natürlich ist der menschliche Organismus auch über längere Zeiträume belastbar. Das muss jedoch trainiert und durch anschließende längere Ruhepausen ausgeglichen werden.

Zirkadiane Rhythmen orientieren sich am Wechsel der Tage. Wachen und Schlafen etwa zählen zu den zirkadianen Rhythmen. Mit großer Wahrscheinlichkeit weisen alle Lebewesen bis zur molekularen Stufe Zirkadianverhalten auf, folgen also einem 24-Stunden-Rhythmus. Untersuchungen an Menschen in völlig abgeschirmter Umgebung haben gezeigt, dass der zirkadiane Rhythmus ohne äußere Einflüsse eingehalten wird, d. h. angeboren ist. Allerdings beträgt er beim Menschen nicht 24, sondern 25 Stunden, muss also durch die Wahrnehmung des Wechsels von Tag und Nacht immer wieder mit dem Sonnentag synchronisiert werden. Diese Fähigkeit, sich flexibel anzupassen, erlaubt es dem Organismus, Veränderungen durch Arbeitszeitänderungen oder durch Zeitverschiebungen während einer Fernreise auszugleichen. Problematisch sind kontinuierliche Änderungen, etwa bei wechselnder Schichtarbeit, welche die Anpassungsfähigkeit des Organismus überfordern und so das Krankheitsrisiko erhöhen.

Infradiane Rhythmen umfassen längere Perioden, wie z. B. Mondphasen, Jahreszeiten oder den Wechsel der Jahre selbst. Der Menstruationszyklus einer Frau z. B. dauert durchschnittlich 29,5 Tage, d. h. er entspricht genau der Zeitspanne zwischen zwei Neumonden (29,53 Tagen). Frauen, die in einer Wohngemeinschaft zusammenleben, entwickeln einen gemeinsamen Menstruationszyklus, was auf die flexible Anpassungsfähigkeit aller natürlichen Rhythmen hindeutet, ohne dass man bisher weiß, wie es entwicklungsgeschichtlich zu diesem am Mond ausgerichteten Rhythmus kam.

Bei Säugetieren gibt es Jahreszyklen, etwa im Bereich der Ess- und Trinkgewohnheiten, des aggressiven Verhaltens und des Paarungsverhaltens. Selbst der Mensch kennt jahreszeitliche Befindlichkeiten. Allerdings sind ihm solche natürlichen Rhythmen in der modernen städtischen Umgebung selten bewusst. Nicht nur Bären und Siebenschläfer reagieren auf die kurzen Tage im Winter, auch bei Menschen wächst im Winter das Schlafbedürfnis, und Ernährungsbedürfnisse ändern sich.

Der lebendige Organismus schwingt im Takt unzähliger Rhythmen. Es ist ein Wunder, wie die Vielzahl von Rhythmen sinnvoll koordiniert und synchronisiert werden. Bis heute hat die Natur ihre Rhythmen immer komplexer und feiner werden lassen. Und im Verlauf der Evolution des Lebens hat sie vor etwa einer Million Jahre in Gestalt des Menschen ein Bewusstsein von Zeitlichkeit geschaffen. Im Unterschied zu allen anderen Lebewesen besitzt der Mensch die Gabe des Geistes und mit ihm die Fähigkeit, die Welt in zeitlichen Kategorien wahrzunehmen. Das Bewusstsein von Vergangenheit und Zukunft und von der Endlichkeit der eigenen Existenz ist dem Menschen eigentümlich.

Modernes Leben und die Auflösung von Rhythmus

Die sozialen Formen, in denen die Menschen ihr Zusammenleben organisierten, war lange Zeit mit den Rhythmen der eigenen und der Natur ihres Lebensraumes aufs Engste verknüpft und verwoben. Erst durch die Entwicklung der modernen Technik haben die Menschen es verstanden, sich immer mehr von den Zyklen der Erde und des Mondes zu lösen. Das elektrische Licht lässt die Nacht zum Tage werden, die Zentralheizung macht die Kälte des Winters weitgehend vergessen, und im Gemüseladen werden, unabhängig von der Jahreszeit, die immer gleichen Frucht- und Gemüsesorten angeboten. In den letzten Jahren hat die globale Gleichzeitigkeit, bedingt durch das weltweite Netz moderner Kommunikationsmittel, dafür gesorgt, dass der natürliche Rhythmus so sehr verändert worden ist, dass sich den Zeitgenossen dieser Entwicklung völlig neue Aufgaben stellen, was die Rhythmisierung ihres sozialen Lebens betrifft.

Wie sehen die Veränderungen im Rhythmus der Arbeits- und Lebenssituation für immer mehr berufstätige Menschen aus?

Als Kunde kann man rund um die Uhr kaufen, was immer man will, wo immer man sich gerade befindet. Im „New Marketing" gibt es entsprechend die folgende Formel: „24/7/w/w", d. h., „24 hours a day, seven days a week, wherever you are, whatever you want." Entsprechend muss der Anbieter rund um die Uhr im Einsatz sein. „Die Welt" vom 27.12.1999 schreibt: „Schneller, schneller, schneller – diesem Gebot gehorchen immer mehr Menschen. In den USA wird bereits vom 24-7-Job gesprochen – das neue Sinnbild des Berufstätigseins. Früher hieß das Nine-to-Five, von neun bis fünf Uhr. Heute sind es 24 Stunden, 7 Tage die Woche, die jeder potentiell seinem Job widmet."

Gleichermaßen rund um die Uhr im Einsatz zu sein – dies bedeutet das Ende von Rhythmus. Die internationale Vernetzung des Wirtschaftsgeschehens lässt den Wechsel zwischen Tag und Nacht, der früher den Unterschied von Aktivität und Ruhe bedeutete, belanglos werden. Beispielsweise müssen die Europäer zur Kenntnis nehmen, was an den asiatischen Börsen passiert, auch wenn es Nacht ist in Europa – und umgekehrt. Die Daten einer Börse sind an jeder anderen Börse der Welt im selben Moment bekannt.

Der Unterschied von Feierabend und Arbeitszeit verschwimmt zunehmend. So ergab eine internationale Umfrage unter 1 000 Managern durch die Nachrichtenagentur Reuters im Oktober 1998: „Arbeit ist überall mitnehmbar geworden, Erreichbarkeit zählt. 97 Prozent der Topmanager halten es (...) für unabdingbar, im Urlaub für Betriebliches erreichbar zu sein. Über 80 Prozent aller Führungskräfte nehmen regelmäßig ihren Laptop in den Feierabend mit." [31]

Immer kleinere und leistungsfähigere tragbare Computer und Telefone ermöglichen diese Entwicklung und stellen den Kontakt her zwischen den Kommunikationssatelliten im Weltall und dem einzelnen Menschen – wo immer er ist und was immer er zu tun hat.

Was bedeuten in einem solchen Kontext noch Rhythmen? Macht es überhaupt Sinn für heutige Führungskräfte, darüber nachzudenken? Unvorstellbar die Zeiten, in denen das gesellschaftliche Leben einem verbindlichen Rhythmus folgte und jede Tageszeit ihre eigenen Gebete hatte.

Der Trend heute geht genau in die entgegengesetzte Richtung, zu immer flexibleren Arbeitsverhältnissen: Bei der Hauptverwaltung der Allianz-Versicherungs-AG z. B. können Mitarbeiter ihre Arbeitszeit zwischen 6.00 Uhr morgens und 20.00 Uhr abends wählen, auf Wunsch können sie auch samstags arbeiten. Die tägliche Arbeitszeit sollte dabei mindestens vier Stunden betragen. Rund 60 Prozent der deutschen Unternehmen hatten im Jahr 2000 flexible Arbeitszeitmodelle eingeführt, vor allem Großbetriebe mit mehr als 1 000 Beschäftigten.

Selbst flexible Arbeitszeitmodelle, wie hier beschrieben, gelten immer noch als „Normalarbeitszeitverhältnisse". Daneben entwickeln sich jedoch zusätzlich andere Modelle, die den Normalarbeitstag und die Unterscheidung von Arbeit und Freizeit weiter auflösen: Teilzeitarbeit, Telearbeit, Honorararbeit usw. Schon heute sind nur noch knapp zwei Drittel aller Arbeitsverhältnisse „normal". Experten schätzen, dass binnen kurzem auf jeden Beschäftigten, der unter „normalen" Bedingungen vollzeitig arbeitet, schon ein Beschäftigter kommen wird, für den die frühere Regel Ausnahme geworden ist.[32]

Gleichzeitig wächst der Ergebnisdruck, der auf den Unternehmen lastet. Börsennotierte Unternehmen müssen regelmäßig ihre Zahlen bekannt geben und werden von den Märkten unbarmherzig abgestraft, wenn sie die Erwartungen der Analysten enttäuschen. Dieser Druck wird an die Beschäftigten weitergegeben. Vor allem bei den „AT- Mitarbeitern", das sind vor allem Führungskräfte ohne tariflich vereinbarte Arbeitszeit, wird der Arbeitstag immer länger: 83 Prozent der Nachwuchsführungskräfte verbringen mehr als 40 Stunden im Büro, jeder dritte arbeitet über 50 Wochenstunden, ein Sechstel sogar mehr als 60 Stunden.[33] Gerade bei den jungen Unternehmen in der IT-Branche ist es völlig normal, wenn die Projektverantwortlichen nächtelang vor ihrem Bildschirm sitzen und manchmal wochenlang kaum ihr Büro verlassen.

Die Fähigkeiten der Biorhythmen eines lebendigen Organismus, sich immer wieder flexibel anzupassen, sind sehr hoch.

Sie sind darüber hinaus Teil des Systems „Natur", das seine unzähligen Rhythmen immer wieder neu koordinieren und synchronisieren muss. Könnte der Körper nicht auf Veränderungen der äußeren Gegebenheiten reagieren, wäre er schwerlich überlebensfähig. Der Europäer, der nach New York fliegt, müsste weiter nach hiesigem Tag-Nacht-Rhythmus schlafen und wachen, und die Eier des Fisches Leuresthes tenuis würden im kalifornischen Sandstrand sterben, wenn die Springflut ausbleibt. Die natürliche Anpassungsfähigkeit hat jedoch ihre Grenzen, wie die Erkrankungen bei wechselnder Schichtarbeit zeigen.

Die Überlagerung des arbeitsfreien Lebensbereichs durch die Arbeit beraubt die betroffenen Menschen ihrer wichtigsten Kraftquelle. Das wirkt sich auf das Familienleben aus und unterminiert zusätzlich – durch ständige Erreichbarkeit – die Fähigkeit, sich in der Freizeit zu regenerieren. Neben Beziehungsproblemen hat dies Folgen für die seelische und körperliche Gesundheit. Immer wieder weisen Ärzte auf den Zusammenhang zwischen der wachsenden Zahl chronischer Krankheitsbilder und den Belastungen des Arbeitslebens hin. Hinzu kommen psychische Störungen und Suchterkrankungen.

So erleiden in den hochindustrialisierten Ländern fast ein Viertel der Menschen mindestens einmal im Leben eine depressive Phase. Alkoholmissbrauch, so ein Wissenschaftler, sei eine häufige Kaschierung des depressiven Syndroms, daneben gebe es „larvierte" Formen, etwa unerträgliche Rückenschmerzen.[34]

Ängste sind, wie wissenschaftliche Untersuchungen belegen, bei Führungskräften weit verbreitet. Doch die sich immer schneller verändernde Arbeitswelt löst auch bei immer mehr Beschäftigten Angst aus. Als wesentliche Faktoren werden genannt: hohe Mobilität unserer Gesellschaft, die Brüchigkeit vieler Beziehungen und Unsicherheit am Arbeitsplatz. Der Beschäftigte der Zukunft wird Schätzungen zufolge bis zu seinem beruflichen Rückzug drei Karrieren durchlaufen und etwa neunmal den Job wechseln.

Den eigenen Rhythmus wieder finden

Als „Tanz des Lebens"[35] bezeichnete der Ethnologe E. T. Hall den Rhythmus, der sich durch das Leben von Individuen und Kulturen zieht. Tatsächlich sind es Rhythmen, die, ohne dass der Einzelne sich dessen bewusst ist, die Art und Weise prägen, wie jemand sich bewegt, spricht, Aufgaben erledigt, Kontakt mit anderen Menschen aufnimmt, Entscheidungen fällt usw. Die Anforderungen, immer länger, immer flexibler einsatzbereit zu sein, führen dazu, dass die Rhythmen der westlichen Industriegesellschaften aus dem Takt geraten.

Ein wenig gleicht dies dem Unterschied zwischen den klaren Formen klassischer Musik, etwa einer Sonate, und der Auflösung von Form und Rhythmus in der zeitgenössischen Kunstmusik. Vielleicht spiegelt die Auflösung verbindlicher Formen in der bildenden Kunst und in der Musik die Auflösung verbindlicher Formen in Wirtschaft und Gesellschaft wider.

Man muss sich fragen, wie weit sich der Mensch als natürlicher Organismus von seinen in Jahrmillionen geprägten Biorhythmen zu entfernen vermag, ohne die Grundlagen seiner physischen und emotionalen Existenz zu bedrohen. Die verschiedenen Rhythmen fortgesetzt zugunsten der von gleichförmiger Uhrzeit diktierten Abläufe zu ignorieren, gleicht dem Versuch, auf unterschiedliche Tanzrhythmen wie Walzer, Foxtrott und Tango immer den gleichen eintönigen Schnellschritt tanzen zu wollen. Weder sieht das für den Betrachter sehr schön aus, noch kann es dem Tänzer viel Freude machen. Rhythmus bedeutet Struktur, ebenso Wechsel von Be- und Entschleunigung. Das moderne Leben leidet unter einem Mangel an Struktur, Erkrankungen an Körper und Seele sind daher häufig die Folge. Welche Lösungen bieten sich an?

Zu Beginn hieß es: Verlangsamen heißt auch, den eigenen Rhythmus zu finden. Den eigenen Rhythmen wieder mehr Raum geben zu wollen, setzt voraus, die unterschiedlichen Tänze wieder unterscheiden zu lernen. Die amerikanische Psychologin Gay Luce schreibt: „Weil Uhren und Terminpläne gesellschaftlicher Aktivitäten ökonomischer Effizienz oder Zweckmäßigkeit dienen, wird der Einzelne lernen müssen, seine eigenen Zyklen wahrzunehmen, um sich im Interesse seiner Gesundheit nach ihnen richten zu können. Nicht zu wissen, dass man eine Zeitstruktur hat, ist so, als wüsste man nicht, dass man ein Herz oder eine Lunge hat. In jedem Aspekt unserer Physiologie und unseres Lebens erkennen wir, dass wir der Ordnung unterworfen sind, die wir Zeit nennen."[36]

Wie kann es gelingen, den eigenen Rhythmus wahrzunehmen und ihm Raum zu geben? Ein hübsches Beispiel regelmäßiger Arbeit gibt Erika Mann von ihrem Vater Thomas Mann: „Er hat nicht früh gefrühstückt, ungefähr um halb neun, manchmal war es neun, nur eine viertel Stunde lang. Dann ist er an den Schreibtisch gegangen und hat drei Stunden gearbeitet. (...) Aus diesen drei Stunden hat er täglich zwei Seiten, durchschnittlich zwei Seiten, Manuskript herausgeschlagen, nicht mehr. Allerdings hat er dies jeden Tag getan, jeden Tag, den Gott wachsen ließ. Von Sonntagen ganz zu schweigen, aber auch, wenn er krank war. (...) Es konnte vorfallen, was wollte, er hat jeden Tag diese drei Stunden auf diese Arbeit verwendet (...)."[37]

Es gilt als schick, vollkommene Flexibilität als höchstes Ziel persönlicher Kompetenz zu proklamieren. Feste Gewohnheiten, wie bei Thomas Mann, erscheinen demgegenüber eher altbacken und unmodern. Doch vielleicht liegt das Geheimnis einer für uns heute tragfähigen Lösung in der Verbindung fester Gewohnheiten mit persönlicher Flexibilität. Während unsere Lebens- und Arbeitswelt uns heute allen ein gewisses Maß an Flexibilität abverlangt, bedeutet grenzenlose Flexibilität wohl eher Haltlosigkeit.

Thomas Mann hatte, wie viele Führungskräfte einwenden mögen, als freier Schriftsteller sehr viel mehr Freiheit, nach seinem eigenen Rhythmus zu arbeiten: „Viele Führungskräfte haben inzwischen das Gefühl, ihren eigentlichen Job nicht mehr machen zu können. (...) Ursache für die Kommunikationsüberlastung sei allerdings weniger die Menge der Nachrichten, als die Zerstückelung des geplanten Arbeitstages. Die Hälfte der befragten Manager aus rund 3900 Firmen in Deutschland, Großbritannien, Kanada und den USA gab an, im Schnitt ungefähr sechsmal pro Stunde, also etwa alle zehn Minuten, durch Mitteilungen in ihrer Arbeit unterbrochen zu werden. Zeit zum Nachdenken bleibe da bestenfalls nach Büroschluss."[38]

Zahlreiche Beispiele unterschiedlicher Branchen der Wirtschaft zeigen jedoch, dass es möglich ist, im zeitlichen Rahmen einer Arbeitswoche feste Blöcke für wiederkehrende Führungsaufgaben einzurichten, z. B. für Mitarbeitergespräche, Teamsitzungen und strategische Reflexionszeiten. Voraussetzung für das Gelingen ist neben Selbstdisziplin eine Firmenkultur, die weniger von hektischem Krisenmanagement als von Visionen und langfristiger Ergebnisorientierung geprägt ist.

In manchen Unternehmen wird von den leitenden Führungskräften der Stil „Management by Helicopter" praktiziert: hier und dort landen, Staub aufwirbeln und schnell wieder wegfliegen. Die Führungskräfte sind dadurch hauptsächlich mit Krisenmanagement beschäftigt, überlange Arbeitszeiten sind die Regel. Eine Neuausrichtung kann bewirken, strategische Ziele zu erarbeiten und ein System von Zielvereinbarungen zu etablieren. Jede Führungskraft vereinbart mit der ihr nachgeordneten Führungsebene langfristige Ziele. Dadurch gelingt es, das Tagesgeschäft Schritt für Schritt an längerfristigen Perspektiven auszurichten, die einzelnen Abteilungen werden in ihrer Selbständigkeit gestärkt. Es kommt mehr Ruhe in die Arbeit und, obwohl die Arbeitszeiten sich verkürzen, werden die Ergebnisse besser.

Neben dem Rhythmus der Arbeit, den es zu finden gilt, bedarf es auch eines rhythmischen Wechsels von Arbeit und Erholung. Das folgende Beispiel aus den USA gibt Stoff zum Nachdenken:

> „42 IS, eine Unternehmensberatung in Berkeley/ Kalifornien, hat ein ‚Napping Loft' eingerichtet – eine Art großen Schlafraum für Mitarbeiter. ‚Wir erlauben den Schlaf nicht nur, wir fördern die kurze Schlafpause', bekundet ein Firmensprecher, ‚jeder hier arbeitet hart und verbringt viele Stunden im Büro. Wir verlangen viel von unseren Mitarbeitern. Deshalb ist es wichtig, dass sie alles bekommen, um gesund und leistungsfähig zu bleiben.' "[39]

56 Prozent der Befragten einer Umfrage des Gallup-Instituts in Princeton/New Jersey bekunden, dass sie während des Tages mindestens einmal von einer Phase heftiger Müdigkeit befallen werden. Die Lösung der Unternehmensberatung erlaubt den Mitarbeitern, Leistungstiefs der ultradianen Rhythmen zu folgen und sich nach einer kurzen Erholung wieder frisch auf die Arbeit zu konzentrieren. Es sollte jedoch nicht verschwiegen werden, dass diese Lösung durchaus auch zweischneidig ist, da sie es ermöglicht, den Lebensmittelpunkt ins Büro zu verlegen, um nur noch sporadisch ins Leben außerhalb der Arbeit zurückzukehren.

Da im Zeitalter globaler Gleichzeitigkeit immer weniger Rhythmus im Sinne von Regelmäßigkeit, konstantem Wechsel von Ruhe und Anspannung usw. vorgegeben ist, besteht die Aufgabe darin, für sich selbst Rhythmen zu gestalten, die einen Ausgleich zwischen den Anforderungen des modernen Arbeitslebens und dem eigenen Wohlbefinden und der eigenen Gesundheit erlauben.

Unterstützung lässt sich dabei überraschenderweise bei Haustieren holen. Es gibt mittlerweile eine Reihe von medizinischen Untersuchungen, die nachweisen, dass die Besitzer von Haustieren wesentlich seltener den Arzt aufsuchen und durchschnittlich gesünder sind als der Durchschnitt vergleichbarer Bevölkerungsgruppen. Detailuntersuchungen etwa bei Hundehaltern haben gezeigt, dass die regelmäßige Bewegung, um den Hund auszuführen, Herz und Blutgefäße schützt, den Cholesterinspiegel senkt und Herzerkrankungen vermindert. Der regelmäßige Rhythmus der Bedürfnisse des Vierbeiners, der von Geschäfts- und Börsenereignissen völlig unberührt bleibt, hilft dem zweibeinigen Halter, sich an selbstgewählte Rhythmen zu halten, die ihm und seiner Gesundheit gut tun.

Das Beispiel zeigt auch, dass die Lösung jeweils individuell ausfallen muss, denn was für den einen die „Hundelösung" ist, kann für den nächsten ganz anders aussehen. Jeder Mensch befindet sich in einer anderen Lebenssituation, und auch die Bedürfnisse des einzelnen Individuums variieren von einem Tag zum anderen. Darüber hinaus durchläuft jeder verschiedene

Lebensabschnitte, die Rhythmen verändern. Daher stellt sich die Frage der Verlangsamung für einen Jugendlichen offensichtlich anders als für Berufstätige zwischen vierzig und sechzig.

Ungeachtet der unterschiedlichen Bedürfnisse bleibt die Aufgabe bestehen, mit den eigenen Rhythmen in Kontakt zu bleiben und einen eigenen Lebensrhythmus zu gestalten. Technologische und gesellschaftliche Entwicklungen bringen heute vieles aus dem Takt, was sich früher von selbst regelte, sei es durch die Tradition oder die Natur selbst. Man denke etwa an Manipulationen am Menschen, die die moderne Gentechnologie ermöglicht, oder an lebenserhaltende Maßnahmen im Krankenhaus. Aus solchen Entwicklungen ergibt sich die Notwendigkeit bewusster, verantwortungsvoller Gestaltung. Die moderne Medizin wirft Fragen der Sterbehilfe oder nach dem Schutz des Lebens auf, moderne Arbeitsorganisation wirft die Frage nach Lebensqualität und Rhythmus auf. Folgende Verhaltensweisen sind für die Lösung nützlich:

a. Selbstwahrnehmung; lernen, mit den eigenen Rhythmen in Kontakt zu kommen
b. Geschützte Zeiträume, um sich aus der Alltagshektik zurückzuziehen
c. Gewohnheiten (Rhythmen) entwickeln und festigen, die zu Wohlbefinden und Gesundheit beitragen.

Übungen

1. Reflexion

Malen Sie zwei Kreise auf ein Blatt Papier. Wie sieht in einer „normalen" Woche (d. h. 7 x 24 Stunden) Ihre Zeitverteilung (beruflich und privat) aus? Teilen Sie den ersten Kreis in Segmente wie eine Torte in Stücke. Die Größe der Stücke entspricht dem Anteil der für bestimmte Tätigkeiten während einer Woche aufgewandten Zeit (z. B. Schlafen, Essen, Arbeit, Freunde, Sport usw.)

Überlegen Sie jetzt, welche Zeitverteilung Sie sich im Idealfall wünschen. Teilen Sie den zweiten Kreis entsprechend Ihren Wunschvorstellungen ein und beschriften Sie die Segmente entsprechend.

2. Aktion

Setzen Sie den zweiten Kreis, Ihre gewünschte Zeitverteilung, in einen Wochenplan um, der weniger Details, sondern eher Blöcke wiederkehrender Tätigkeiten enthält.

3. Reflexion

Betrachten Sie diesen Wochenplan unter dem Gesichtspunkt wiederkehrender Rhythmen: Sind Sie mit den Rhythmen, die sich darin spiegeln, einverstanden? Welche Erholungszeiten haben Sie berücksichtigt? Spiegelt der Plan Ihre tägliche Leistungskurve und infradianen Rhythmen wider?

4. Reflexion

Bitte beantworten Sie zum Schluss die folgenden Fragen:
- Was genau werden Sie tun, um die neue Zeiteinteilung nicht umzusetzen?
- Welche Umstände werden mit ausreichender Sicherheit verhindern, dass Sie Ihre neue Zeiteinteilung realisieren?
- Welche Entschuldigungen fallen Ihnen schon jetzt dafür ein, dass es mit der neuen Zeiteinteilung nichts wird?[40]

Prolog 7

Berg (Franken), im Februar

Fritjof und Johannes haben sich im Hause Fritjofs getroffen. Der wohnt seit drei Jahren in einem kleinen, nur wenige Bauernhöfe umfassenden Dorf bei Nürnberg. Nachdem sie den ganzen Vormittag an einer Trockenmauer im Garten gebaut haben, ruhen sie sich in der behaglichen Wohnküche des alten Bauernhauses bei einer Kanne heißen Tees aus.

<u>Fritjof:</u> „Puh, das war anstrengend ... aber es hat Spaß gemacht!"

<u>Johannes:</u> „Ja, mir hat die Arbeit auch gefallen. Ich habe sogar die Uhrzeit völlig vergessen, an die ich normalerweise immer denke."

<u>Fritjof:</u> „Typischer Fall von ,Flow'."

<u>Johannes:</u> „Hat das etwas mit unserem Thema Zeit zu tun?"

<u>Fritjof:</u> „,Flow' bezeichnet den Zustand, in dem man die Zeit vergisst, weil man sich in eine Arbeit, die Freude macht, vertieft hat."

<u>Johannes:</u> „Sag mal, wünschst du dir nicht manchmal, hier zu bleiben und im Garten zu arbeiten, anstatt in die Firma zu fahren und der Hektik deines Arbeitsalltags ausgesetzt zu sein?"

<u>Fritjof</u> *(denkt einen Moment nach):* „Ja, manchmal möchte ich tatsächlich lieber hier bleiben. Aber eigentlich macht mir meine Arbeit in der Firma auch Freude. Hier auf dem Lande lebe ich eine andere Seite meines Lebens, die mir auch wichtig ist."

<u>Johannes:</u> „Welche ist das genau? Und wie unterscheidet sie sich von deiner Arbeit?"

<u>Fritjof:</u> „Es sind die einfachen und grundlegenden Seiten

des Lebens, die mir hier wieder bewusst werden und die ich genieße: Eine Mauer bauen, wie wir das gerade zusammen getan haben, ein Beet umgraben, Gemüse pflanzen ... hinterher die Knochen spüren und Hunger und Durst haben."

Johannes: „Du singst das Lob des einfachen Lebens?"

Fritjof: „Warum nicht? Letztlich sind es doch die einfachen, unspektakulären Dinge, aus denen unser Leben sich zusammensetzt und die das ausmachen, was wir Lebensqualität nennen. Als wir hier aufs Dorf gezogen sind, musste ich erst mal lernen, im Garten zu sitzen, den Wind in den Bäumen zu hören und nichts zu tun. Ich bin froh, dass das und andere ,einfache' Dinge mir wieder Freude machen."

Johannes: „Dein Leben hier draußen erinnert mich an den römischen Kaiser, der seine Kaiserwürde aufgab, um auf seinem Landgut Kohl anzubauen. Ich glaube aber nicht, dass das ,Zurück zur Natur' eine wirkliche Lösung für die drängenden Probleme unserer hoch technisierten und komplizierten modernen Welt bietet."

Fritjof: „Da stimme ich dir vollkommen zu! Im Unterschied zu deinem Kaiser habe ich ja auch meinen Job beibehalten. Es geht mir also einmal darum, ein Gegengewicht zu der eiligen und von der Informationstechnologie geprägten virtuellen Berufswelt zu finden."

Johannes: „Eine Art Balance?"

Fritjof: „Genau! Aber es gibt noch etwas, das mich beschäftigt. Früher, als ich in den Beruf eintrat, glich mein Leben einer Straße, die auf lauter großartige Ziele zulief. Je älter ich werde, um so weiter rücken die Ziele in die Ferne. Die Straße ist mir wichtiger geworden."

Johannes: „Kannst du das ein bisschen genauer erläutern?"

Fritjof: „Ich habe gelernt, so glaube ich jedenfalls, die alltäglichen Dingen des Leben mehr wertzuschätzen: eine Mahlzeit, ein Wort der Anerkennung, das ich meinen Mitarbeitern geben kann oder von ihnen bekomme. Ich bin dankbar über jeden Morgen, an dem ich gesund und munter aufwache ... Ohne dass ich äußerlich viel geändert habe, empfinde ich im Alltag mehr Lebensfreude."

Johannes: (nachdenklich) „Ja, der Alltag ... wahrscheinlich liegt da die Lösung. Wenn ich Alltag höre, denke ich eher an Routine, weniger an Freude."

Fritjof: „Das stimmt! Meist verbinden wir mit ‚Freude' etwas Besonderes, nicht Alltägliches. Doch wenn man nicht lernt, die alltäglichen Wunder zu entdecken, entschlüpft einem das Leben."

7. Die Kunst der Lebensfreude

Verlangsamung, Achtsamkeit und die Kunst, glücklich zu leben

Das Streben nach Glück ist so alt wie die Menschheit selbst. Die Kunst zu verlangsamen berührt dieses Streben mehr, als vielen Menschen der westlichen Industrieländer bewusst ist. Wenn alles schnell gehen soll, bleibt keine Zeit, sich auf irgendetwas einzulassen und damit auch keine Zeit, das Leben zu genießen.

Beschleunigung lässt sich, so könnte manch einer einwenden, in gewissen Situationen durchaus genießen, etwa am Steuer eines sportlichen Autos, am Steuerknüppel eines Flugzeugs, bei der sausenden Abfahrt auf einer winterlichen Schneepiste, beim Endspurt auf dem Fahrrad oder einem anderen sportlichen Wettkampf. In den meisten Lebenssituationen jedoch verhindert Schnelligkeit intensives Erleben und damit auch intensiven Genuss. Jemand, der mit dem Auto oder dem Zug schnell eine Landschaft durchquert, erfährt von ihr sehr viel weniger, als wenn er sie auf dem Fahrrad kennen lernt oder zu Fuß durchwandert. Wenn man eine Mahlzeit möglichst schnell zu sich nimmt, bleibt keine Zeit, viel zu schmecken und zu riechen. Für die feinen Aromen und Köstlichkeiten fehlt die Zeit, nur die groben Eindrücke von warm und kalt, süß und sauer haben Zeit, ins Bewusstsein zu dringen. Es kann eine Freude sein, einen guten Freund kurz zu sehen, aber gewöhnlich wünscht man sich für ein Wiedersehen genügend Zeit, um miteinander zu reden und gemeinsam etwas zu unternehmen.

Je besser es gelingt, sich einer Sache zu widmen, desto größer die Chance, den Augenblick zu genießen. In der Einleitung zu dem Kinderbuchklassiker „Pu der Bär" liest sich das so: „Man kann nicht lange in einer großen Stadt sein, ohne einmal den Zoo zu besuchen. Alle Leute beginnen dort, wo ‚Eingang' steht, und eilen so schnell wie sie nur können, an jedem Käfig vorbei bis zu dem Tor, worüber ‚Ausgang' zu lesen ist. Aber die netten Menschen gehen schnurstracks zu dem Tier, das sie am liebsten haben, und bleiben eine Weile da.“[41]

Um etwas wirklich genießen zu können und dadurch Freude zu erfahren, ist es notwendig, dass ich mich darauf einlasse und ihm einen intensiven Moment Zeit widme. Stephan Rechtschaffen beschreibt in seinem Buch über die Zeit eine Szene, die für die Hast, mit der viele Menschen heute den Dingen des Lebens begegnen, typisch ist: Während eines Urlaubs sei er allein spazieren gegangen. Der Tag neigte sich, und er sei an einen Aussichtspunkt gekommen, der einen atemberaubenden Ausblick auf die Berge und den Sonnenuntergang geboten habe. Völlig versunken in das Schauspiel setzte er sich hin, als ein Auto angefahren kam und stoppte. Der Beifahrer kurbelte die Fensterscheibe nach unten, während der Motor lief, schoss ein paar Fotos und rief dem sitzenden Betrachter zu „Ist das nicht toll?“, um dann schnell weiterzufahren.[42]

Der Zeitdruck, unter dem viele Menschen stehen, und die höchstmögliche Geschwindigkeit, mit der alles und jedes erledigt werden soll, durchzieht alle Bereiche des Lebens, angefangen beim Fastfood und Schnellimbiss, der Sofortlieferung und dem Kurzurlaub bis hin zur Kurzzeittherapie.

Und wenn es schneller nicht mehr geht, wird versucht, mehrere Aufgaben gleichzeitig zu erledigen. Dies mag die Geschwindigkeit erhöhen, die Intensität der Wahrnehmung für den einzelnen Vorgang nimmt dabei jedoch ab.

In der Stellenanzeige für Mitarbeiter eines Wertpapierhandelshauses wird neben dem obligatorischen Hochschulabschluss die Fähigkeit zu ‚Multitasking' genannt, d. h. die Fähigkeit, mehrere Vorgänge gleichzeitig zu verfolgen und möglichst schnell darauf zu reagieren. Was damit gemeint ist, wird an dem Arbeitsplatz der jungen Broker deutlich: über dem Schreibtisch mehrere Bildschirme, auf dem Schreibtisch mehrere Telefone und ein Mikrophon mit Standleitung zu einem Handelsplatz. Oft sind die jungen Leute noch mit einem ihrer Kunden in London oder Paris zum Abendessen verabredet. Wenn die Börse schließt, eilen sie zum Flughafen und kehren mit der letzten Maschine wieder nach Deutschland zurück. Am nächsten Tag dasselbe.

„Multitasking" wird im Umgang mit den Medien der Kommunikationsgesellschaft trainiert. 382 Minuten pro Tag verbrachten die Deutschen 1989 im Schnitt mit Fernsehen, Radio, Tonträgern, Zeitungen und Zeitschriften. 1999 (inzwischen mit Internet) waren es bereits 528 Minuten. Die Marktforscher erwarten noch einen leichten weiteren Anstieg, der Trend geht jedoch eindeutig Richtung Parallelnutzung: Während die Kids Hausaufgaben machen, läuft der Fernseher oder das Radio, und während abends die *soap opera* im Fernsehen läuft, lässt sich nebenbei in der Zeitschrift blättern und ein Telefongespräch führen.

Aber auch das Hauptmedium Fernsehen (287 Minuten pro Tag für Bildschirmmedien) übt sich und seine Zuschauer in der Eile schnell wechselnder Eindrücke. Viele Zuschauer sind es gewohnt, zu „zappen", d. h. zwischen verschiedenen Programmen, Talkshows, Filmen und Werbespots hin und her zu wechseln, also nicht zu verweilen. Und die Filme selbst, ihre Schnitte und die Szenenfolgen, sind schneller geworden.

Die Verteilung der Aufmerksamkeit auf verschiedene Dinge gleichzeitig ebenso wie die damit einhergehende Eile und der Zeitmangel, sich auf irgend etwas tiefer gehend einzulassen, führen zu oberflächlichen Eindrücken und geringerer Intensität des Erlebens.

Quantität als Glücksverheißung: Die Event-Kultur

Welche Lösungen gibt es, um unter solchen Bedingungen Glück und Zufriedenheit zu finden?

Der Fokus der Aufmerksamkeit liegt heutzutage, wenn es um die schönen Seiten des Lebens geht, überwiegend auf der quantitativen Seite. Immer großartiger, immer spektakulärer soll das sein, was man erleben möchte. Möglicherweise liegt diese Entwicklung daran, dass das Konsumangebot unermesslich groß ist. Wenn es sowieso schon fast alles zu kaufen gibt, dann verspricht nur das besondere Produkt noch besonderen Genuss. Die Werbeindustrie befördert diese Entwicklung noch, indem jeder Anbieter den anderen zu übertrumpfen versucht, um auf dem überfüllten Warenmarkt sein Geschäft zu machen.

Spektakuläre, außergewöhnliche Ereignisse, die im Gegensatz zum normalen Alltag stehen, werden mit Glück und Genuss assoziiert. Je aufwändiger und spektakulärer das Ereignis, desto mehr verspricht man sich davon. Nicht ein weltberühmter Tenor reicht da aus, besser müssen es gleich drei sein. Je berühmter die beteiligten Namen und je teurer die Eintrittskarte, desto mehr Lebensgefühl scheint zu winken. Ganze Erwerbszweige folgen diesem Muster und bieten an, Aida an den Pyramiden von Gizeh anzuhören, Europa in einer Woche oder die ganze Welt in zehn Tagen zu bereisen.

Die Welt auf Reisen kennen zu lernen, ist etwas Wunderbares. Große Künstler können uns mit ihrer Kunst unvergesslich schöne Momente schenken und das Leben bereichern. Eine Illusion ist es jedoch zu glauben, dass der Genuss, der im Leben gesucht wird, durch hohen Aufwand käuflich oder gar zu garantieren ist.

Die Konsumgesellschaft verspricht Glück in den Kategorien von „Haben" und „Tun". „Haben" bedeutet, sich Konsumgüter (Geld, Haus, Auto usw.) anzueignen und durch Besitz darüber zu verfügen. „Tun" verspricht durch den Kauf von Betätigungsmöglichkeiten (Verreisen, Golf spielen, Fliegen usw.) Glück. Glück kann sich jedoch nur einstellen, wenn sich dem, was man hat und tut, eine Qualität des „Sein" hinzugesellt. „Geld macht nicht glücklich" weiß schon der Volksmund. Es macht zwar auch nicht unglücklich, aber die Voraussetzung für Glück ist zuerst in der inneren Haltung des Menschen selbst zu suchen, nicht in äußeren Umständen.

Offenbar ist es möglich, einen wunderschönen Sonnenuntergang oder ein Feinschmeckeressen ohne jeden Genuss zu erleben. Dagegen kann ein banales Essen zu einer köstlichen

Gaumenfreude werden. Dies legt den Gedanken nahe, dass der Vorgang des Genießens und das dadurch hervorgerufene Glücksgefühl mehr mit der Fähigkeit des genießenden Subjektes als mit dem Gegenstand des Genusses zu tun hat. Wie lässt sich die Fähigkeit zu genießen (im Sinne von Glück empfinden) beschreiben? Wie lässt sie sich einüben, und was hat das Ganze mit der Kunst des Verlangsamens zu tun?

Verlangsamen bedeutet nicht, die Dinge in die Länge zu ziehen, sondern die Qualität der Erfahrung zu verändern. Verlangsamung garantiert keinen Genuss, aber sie ermöglicht ihn. Die Kunst des Genießens hat eine quantitative Seite und eine qualitative. „Flow" als Begriff aus der westlichen Psychologie und „Achtsamkeit" als Begriff aus der Tradition des Zen-Buddhismus versuchen, diese qualitative Seite zu erfassen.

„Flow" und die Kunst des Verlangsamens

Mihaly Csikszentmihalyi, der amerikanische Psychologe mit dem schwierigen Namen, hat es unternommen, einen Zustand zu beschreiben, den wohl jeder schon einmal erfahren hat: Aus einer inneren Begeisterung heraus geht man völlig in einer Sache auf und vergisst dabei die Zeit. Csikszentmihalyi hat diesen Zustand als „Flow" bezeichnet.

M. V., Pressereferentin, setzt sich in ihrer freien Zeit gerne an ihr Piano und beginnt verschiedene Stücke aus ihrem Repertoire zu spielen. Die Musik selber, aber auch die Freude daran, dass ihre Finger die richtigen Noten greifen, lässt sie nach einer Weile alles um sich herum vergessen. Die vielfältigen Anforderungen ihres Berufes, die ihre Gedanken oft noch in der Freizeit beschäftigen, treten vollkommen in den Hintergrund. Wenn sie nach einer Stunde auf die Uhr schaut, wundert sie sich, wo die Zeit geblieben ist.

Ähnlich geht es P. M., Entwicklungsingenieur, wenn er an seinem Auto, einem Oldtimer, bastelt. Er liegt verdreckt unter dem Auto, oft ist die Tätigkeit anstrengend und unbequem, aber er vergisst dabei die Zeit ebenso wie die Klavierspielerin. Erst wenn seine Frau kommt und ihn erinnert, es sei lange Zeit, die Kinder zum Abendessen nach Hause zu bringen, wacht er wie aus einem glücklichen Traum auf und spürt plötzlich die von der anstrengenden Tätigkeit schmerzenden Glieder.

Csikszentmihalyi weist darauf hin, dass dieser Zustand von „Flow" bei praktisch jeder Tätigkeit entstehen kann, wenn der Mensch sie als sinnvoll empfindet und dabei weder über- noch unterfordert ist. „Flow" ist also von großen Events und teuren Investitionen völlig unabhängig. Es kann im Alltag, ja selbst im Büro bei völlig banalen Tätigkeiten erfahren werden.

Umgekehrt gilt, dass jemand, der keine Zeit hat, sich auf eine Tätigkeit wirklich einzulassen, unmöglich „Flow" erleben kann. Wenn man ständig gestört wird oder von dem Gedanken an Zeitknappheit und Terminnot bedrückt ist, kann man mit dem, was man tut, nicht verschmelzen.

Die Kunst zu verlangsamen heißt unter anderem, sich Zeitinseln zu schaffen, auf denen man nicht von äußeren Anforderungen getrieben ist. Seinem eigenen Rhythmus während Zeiten der Verlangsamung folgen zu können, scheint also notwendige Bedingung, um ‚Flow' erfahren zu können.

Dass die selbstvergessene Hingabe an eine Tätigkeit ein Zustand ist, der auch den Menschen früherer Epochen bekannt war, wird aus folgender kleinen Geschichte deutlich. Ein Schreiner im alten China, nach dem Geheimnis seiner Kunst befragt, gibt folgende Erklärung: „Erst bringe ich mein Gemüt zu vollkommener Ruhe. Wenn ich drei Tage in diesem Zustand bin, fällt jeder Gedanke an einen Lohn von mir ab. Nach fünf Tagen denke ich nicht mehr an den Ruhm, den ich erwerben könnte. Nach sieben Tagen bin ich meiner vier Gliedmaßen und meines Körpers nicht mehr bewusst. Wenn ich keinen Gedanken an den Hof mehr im Sinn habe, dann wird meine Kunst konzentriert, und alles Störende von außen fällt weg. Ich gehe in einen Wald auf den Berg und suche einen geeigneten Baum.

Er enthält die gewünschte Form, die ich später herausarbeite. Ich sehe den Ständer mit meinem inneren Auge und mache mich an die Arbeit. Nichts weiter."[43]

Die Achtsamkeit des Zen

Lebensfreude hat ihre Wurzeln in einer bestimmten Qualität zu sein. Welche Qualität wird durch den Begriff „Achtsamkeit" zu beschreiben versucht?

Achtsamkeit heißt soviel wie: Die Aufmerksamkeit auf das richten, was im Moment da ist. Diese Aufmerksamkeit ist hundertprozentig und durch nichts anderes abgelenkt. Sie ist dabei nicht verbissen, sondern heiter und entspannt. Sie versucht nichts festzuhalten, sondern einfach nur das zu registrieren, was gerade da ist.

Keine Achtsamkeit existiert z. B., wenn jemand ein Stück Kuchen isst und sich gedanklich mit dem beschäftigt, was an Arbeit auf ihn wartet. Von dem Geschmack des Kuchens bekommt er dann kaum etwas mit. Fotografiert jemand einen Sonnenuntergang und ist in Gedanken damit beschäftigt, wem er die Fotos bei Gelegenheit zeigen möchte, kann ihn die Schönheit des Augenblicks nicht berühren.

A. S., Krankenschwester, wurde auf einer Weiterbildung von dem Seminarleiter mit den anderen Teilnehmern eingeladen, das Essen schweigend und langsamer als gewohnt einzunehmen. Die Speisen, die gereicht wurden, waren einfach und ohne besondere Raffinesse zubereitet. Zunächst mussten sich alle erst einmal daran gewöhnen, länger zu kauen. Dann kostete es bewusste Anstrengung, während ein Bissen im Mund war, die Gabel ruhen zu lassen, anstatt sie für den nächsten Bissen zu beladen. Nachdem es ihr gelang, sich wirklich auf das Essen zu konzentrieren, intensivierte sich der Geschmack alltäglicher Nahrungsmittel, dass ihr jetzt noch das Wasser im Munde zusammenläuft, wenn sie daran denkt.

Ähnlich wie beim „Flow" zeigt dieses Beispiel, wie durch die innere Einstellung das Alltägliche zu etwas Besonderem werden kann. Keine Äußerlichkeiten und spektakulären „Events" führen hier zu mehr Freude, sondern eine innere Haltung, die jeder einüben kann.

Sich ganz auf eine Sache zu konzentrieren, wie hier auf eine Mahlzeit, ist in der westlichen Kultur zu einer seltenen Ausnahme geworden, in der Regel herrscht „Multitasking" vor: das Gespräch beim Essen, die Zeitung, der Fernseher oder doch wenigstens das Radio als Begleiter einer Mahlzeit. Und wenn, selten genug, keine dieser Alternativen zur Verfügung steht, wandern die Gedanken zu diesem und jenem und springen allenfalls für kurze Intervalle zu der Mahlzeit, die eingenommen wird. Der Versuch, Achtsamkeit bei einer bestimmten Tätigkeit zu praktizieren, zeigt, wie wenig man gewohnt ist, sich wirklich auf eine Sache zu konzentrieren; denn die Gedanken zu zügeln gleicht dem Versuch, einen Flohzirkus zu bändigen. Eines der grundlegenden Übungsziele des Praktizierenden in der Zen-Meditation ist es daher, seine Konzentrationsfähigkeit auszubilden. Konzentration ist dabei kein Selbstzweck. Sie dient dazu, das, was ich in diesem Moment tue oder empfinde, mit ungeteilter Aufmerksamkeit zu tun und zu empfinden.

Achtsamkeit bedeutet, im gegenwärtigen Augenblick anzukommen

Achtsamkeit ist auf das Innigste mit der Vorstellung verbunden, dass das Leben sich im gegenwärtigen Augenblick abspielt. Das, was vergangen ist, ist tatsächlich unwiederbringlich. Gefühle und Gedanken, die die Vergangenheit betreffen, sind immer im Jetzt. Auch Gedanken und damit verbundene Gefühle über die Zukunft existieren im Jetzt. Auf diesen Zusammenhang haben nicht nur östliche Denker immer wieder hingewiesen. „Immer ist die wichtigste Stunde die gegenwärtige, immer ist der wichtigste Mensch der, der dir gegenübersteht, und immer ist die wichtigste Tat die Liebe,"[44] schreibt schon der christliche Mystiker Meister Eckhard Ende des 13. Jahrhunderts, und der Jesuitenpater und Managementtrainer Rupert Lay meint: „Die Abfolge von vielen Gegenwarten entscheidet über das Gelingen und die Erfüllung unseres Seins (...)".[45]

Leben findet nur im gegenwärtigen Augenblick statt. Verpassen wir unsere Verabredung mit dem gegenwärtigen Augenblick, verpassen wir das Leben selbst. Die Aufmerksamkeit, die wandert, trennt von der Erfahrung dieses Augenblicks. Während wir dabei sind, eine Sache zu tun, sind die Gedanken oft mit etwas anderem beschäftigt. Doch wenn es gelingt, durch vollkommene Achtsamkeit wirklich in der Gegenwart anzukommen, bedarf es keiner außergewöhnlicher „Events", um dem Leben eine Qualität zu geben, die das Alltägliche in etwas Wunderbares verkehrt.

Der Zen-Buddhismus ist weniger eine Art Glaubensbekenntnis im christlichen Sinne als eine Lebenspraxis, bei der das Üben von Achtsamkeit im Mittelpunkt steht. In der Wirklichkeit des gegenwärtigen Augenblicks anzukommen, ist ein wichtiges Ziel dieser Praxis: „Unsere wahre Heimat ist der gegenwärtige Augenblick. Das Wunder besteht nicht darin, auf dem Wasser wandeln zu können. Das Wunder besteht darin, auf der grünen Erde im gegenwärtigen Augenblick zu wandeln."[46]

In unzähligen Zen-Geschichten wird dieses Thema variiert. Für den westlichen Leser ist es manchmal irritierend und nicht leicht zu verstehen, was damit gemeint sein könnte: „Einst richtete ein Mönch an Jôshû (japanischer Zenmeister, 1661-1704) eine Bitte. Er sagte: ‚Ich bin gerade in das Kloster eingetreten. Ich bitte dich, Meister, unterweise mich.' Jôshû erwiderte: ‚Hast du gefrühstückt?' – ‚Ja!' antwortete der Mönch. ‚Dann', sagte Jôshû zu ihm, ‚spüle deine Schalen.' Der Mönch kam zur Einsicht."[47]

Nicht in besonderen „Events", könnte man sagen, liegt der Schlüssel zur Erleuchtung (Einsicht), sondern im Alltäglichen, dem Spülen einer Schale. Nicht was ich im Alltag tue, ist entscheidend, sondern wie ich es tue: Je besser es gelingt, vollkommene Achtsamkeit, vollkommene Präsenz im gegenwärtigen Augenblick zu praktizieren, um größer ist die Chance, das Leben als etwas Wunderbares zu erleben.

Eine wirkungsvolle Methode, um im gegenwärtigen Augenblick anzukommen, ist das bewusste Atmen. Offenbar bietet der Atem eine Brücke zwischen geistiger Aktivität und Körper. Man kann dies mit einem kleinen Experiment überprüfen. Legen Sie, wenn Sie diese Zeilen gelesen haben, das Buch für eine Minute zur Seite und beginnen Sie, sich auf Ihren Atem zu konzentrieren. Versuchen Sie bitte nicht, Ihren Atem irgendwie zu beeinflussen, sondern seien Sie einfach Beobachter: Spüren Sie, wie angenehm und frisch die Luft an ihren Nasenlöchern einströmt, Brustkorb und Bauchdecke bewegt, und genießen Sie das Gefühl von Erleichterung und Entspannung, wenn der Atem den Körper wieder verlässt. Folgen Sie für einige Atemzüge diesen Wellen, die durch Ihren Körper hindurchziehen. Versuchen Sie, so gut es geht, mit Ihrer Aufmerksamkeit bei der Wahrnehmung des Atems zu bleiben. Prüfen Sie jetzt, welche Veränderungen in Ihrer Wahrnehmung diese kleine Atemübung bei Ihnen hervorruft.

Die Kunst, im gegenwärtigen Augenblick zu leben, ist das Herzstück vieler Meditationsübungen. Einige westliche Autoren versuchen Übungen, die aus östlichen spirituellen Traditionen stammen, für den modernen Alltag zu nutzen. Der amerikanische Autor John Selby empfiehlt z. B., den Tag morgens noch während des Aufwachens mit einer Konzentration auf den Atem und das eigene Herz zu beginnen und dies im Laufe des Tages mehrmals zu wiederholen.[48]

Achtsamkeit als wache, lebendige Form der Wahrnehmung kann sich auf alles richten, was wahrnehmbar ist. Im Zen werden vier Formen der Achtsamkeit unterschieden: Die bewusste Wahrnehmung des Körpers; die Betrachtung der Gefühle; Achtsamkeit in Bezug auf Geisteszustände (z. B. Zuversicht, Zweifel, Verwirrung, Klarheit usw.) und die Achtsamkeit in Bezug auf die Welt der Wahrnehmungen (Sehen, Hören, Fühlen, Riechen, Schmecken). Die grundlegende Übung ist dabei die Achtsamkeit für den Atem und den Körper. Wenn es gelingt, Achtsamkeit für den Körper und seine Funktionen zu entwickeln und aufrecht zu erhalten, dann ist es auch möglich, den Geist zu meistern.

Das Verschwinden des Körpers und seine Wiederkehr als Symptom

Der Mensch hat seine technischen Messinstrumente so weit verfeinert, dass er damit bis in die innersten Bausteine des Lebens und bis zum äußersten Rand des Universums vordringt. Die Eigenwahrnehmung ist dagegen oft vernachlässigt.

Sich den aktuellen Stand der Börsen in Tokio und New York aus dem Internet zu ziehen, ist vollkommen normal. Was ein Körper mit der Pizza anfängt, die am Abend verzehrt wird, bleibt dagegen dem zum Bauch gehörenden Kopf weitgehend unbekannt und von ihm unbeachtet. Während die weltweite Kommunikation durch Handy und E-Mail immer weiter zunimmt, nimmt die körperliche Wahrnehmung darin immer mehr ab. Vom Körper wird reibungsloses Funktionieren erwartet, damit man sich auf andere, wichtige Themen konzentrieren kann. Gewöhnlich wird der Körper wie eine Maschine betrachtet, die zu funktionieren hat. Er wird behandelt wie ein Auto, in das man sich setzt, um ein Ziel zu erreichen, und das getankt werden muss, um nicht stehen zu bleiben.

Der Körper ist jedoch die Basis allen Lebens. Wenn man von Achtsamkeit im Alltag spricht, so gilt dies vor allem der Achtsamkeit gegenüber dem Körper. Was ich tue, wie es mir geht, wie äußere Eindrücke auf mich wirken, all dies ruft körperliche Reaktionen hervor. Ohne die Fähigkeit, diese bewusst und im gegenwärtigen Moment wahrzunehmen, gibt es keine Achtsamkeit.

Achtsamkeit kann helfen, um Fragen wie die folgenden im Alltag besser beantworten zu können: Was tut mir jetzt gut? Was sagt mir mein innerer Rhythmus? Was fordert meine Gesundheit? Was will mir bei wichtigen Entscheidungen meine Intuition sagen?

Obwohl die menschliche Existenz an den Körper gebunden ist, ist das Verhältnis des westlichen Menschen zu seiner Körperlichkeit merkwürdig distanziert. Meist weiß er nicht besonders viel über die Funktionsweise seiner Organe. Körperbewusstsein spielt keine große Rolle im Alltag, obwohl der menschliche Körper in der öffentlichen Darstellung, z. B. in der Werbung, allgegenwärtig ist. Dort wird ein Bild geboten, das strengen Regeln einer vorgegebenen Ästhetik entspricht: Immer jugendlich, gesund, straff, modisch gestylt und gepflegt, ein keimfreier Mensch aus der Retorte der Werbeagenturen tritt dem Betrachter entgegen. Der lebendige Mensch in seiner Körperlichkeit, die auch Alter, Krankheit und Verletzlichkeit einschließt, wird demgegenüber unsichtbar. Den Körper zu ignorieren stößt jedoch spätestens dann an seine Grenzen, wenn er als Symptom wiederkehrt.

W. S., Lehrerin, kam nach einer Periode sehr starker Arbeitsbelastung eines Abends nach Hause. Sie beschloss, schnell noch einmal ins Fitness-Studio zu fahren. Eigentlich war sie müde und ihr Gefühl sagte ihr, dass sie am liebsten einfach abspannen und ausruhen würde. Ihr Kopf jedoch meinte, es würde ihr gut tun, außerdem hatte sie wegen der vielen beruflichen Termine das Fitnessprogramm schon mehrmals sausen lassen. Als sie die Treppe hinuntereilte, knickte sie mit dem Fuß um. Die Bänderzerrung, die sie die folgenden zwei Wochen zu absoluter Ruhe zwang, verwünschte sie zwei Tage lang. Danach begann sie die Unterbrechung zu schätzen und nutzte die Ruhe, ihre berufliche Situation zu überdenken und einige notwendige Veränderungen einzuleiten.

Viele Menschen haben die Erfahrung gemacht, dass sie in Folge von Überlastung krank werden oder einen Unfall haben. Man kann das mit einem Unternehmen vergleichen, in dem der Controller schläft. Er empfängt zwar Zahlen, die Schwierigkeiten ankündigen, aber er ignoriert sie. Ähnlich sendet auch der überforderte Organismus Signale. Werden sie wegen fehlender Selbstwahrnehmung ignoriert, kommt es zu gefährlichen, krisenhaften Situationen. Erst wenn der Fuß weh tut, wird oftmals bewusst, dass es ihn gibt. Schöner wäre es, zwei gesunde Füße zu genießen, die uns durchs Leben tragen. Wer genießt schon, keine Zahnschmerzen zu haben? Häufiger ist es doch so, bei Schmerzen zur Schmerztablette zu greifen, um den scheinbar körperlosen Zustand wiederherzustellen.

Verlangsamung ermöglicht Lebensqualität

Uhrzeit ist eine quantitative Maßeinheit. Sie ist abstrakt, sagt nichts aus über die Qualität der verbrachten Zeit. Was das Leben lebenswert macht, geschieht außerhalb oder jenseits der gemessenen Zeit.

Das Glück eines „erfüllten" Lebens hängt weitgehend vom „wie" ab, von der Qualität der „Füllung". Quantitatives Denken ist in der westlichen Kultur vorherrschend. Wie viel ein Auto kostet, wie schnell es fährt, wie viel PS der Motor hat – all das sind gängige Kategorien, nach denen im Alltag gemessen und bewertet wird. Quantität ist leicht fassbar. Messbarkeit scheint die uns umgebende Welt begreifbar und beherrschbar zu machen. Wie bequem das Auto ist, wofür ich es eigentlich brauche – zum Transport von einem Ort zum anderen oder als pures Prestigeobjekt –, derartige Kategorien sind widerspenstig, ihre Bedeutung für jeden Menschen individuell sehr verschieden.

Sowohl der psychologische Erklärungsversuch des Glückszustandes als „Flow" als auch der Weg der Achtsamkeit der östlichen Zen-Philosophie suchen die Ursache menschlichen Glücks in der Qualität des Erlebens, die durch eine innere Haltung bedingt ist, und nicht in den äußeren Bedingungen. Ein Unterschied beider Ansätze liegt vielleicht darin, dass Achtsamkeit nur durch Bewusstheit möglich ist, die beim „Flow" auch fehlen kann.

Es lässt sich schließlich fragen, ob Intensität der Erfahrung überhaupt immer wünschenswert ist, da intensives Erleben sich ja nicht nur auf positive, sondern auch auf negative Gefühle beziehen kann. Diese Beobachtung ist vollkommen richtig. Glück oder Genuss, wie sie hier gemeint sind, unterscheiden sich von einer wie auch immer gearteten „Spaßkultur". Die Bereicherung, die durch eine intensivere und tiefere Erfahrung möglich wird, umfasst alle Aspekte des Lebens, die freudigen ebenso wie die leidvollen.

„Wenn man sich über etwas, das wunderbar ist, nicht wundert, hört es auf, wunderbar zu sein", sagt ein Chinesisches Sprichwort. Ähnlich äußert sich die Schriftstellerin Pearl S. Buck: „Die wahre Lebenskunst besteht darin, im Alltäglichen das Wunderbare zu sehen." Verlangsamung, die zu bewussterer und tieferer Erfahrung führt, kann lehren, im Alltäglichen das Wunderbare wieder zu entdecken.

Übungen

Achtsamkeit ist zunächst ungewohnt. Punktuell immer wieder eingeübt, lässt sie sich jedoch in den Alltag integrieren.

Der vietnamesische Zen-Meister Thich Nhat Hanh hat beispielsweise in seinem Meditationszentrum in Südfrankreich folgende Regel eingeführt: Jedes Mal wenn eine Glocke ertönt, sei es die Wanduhr, der Gong des Klosters oder auch das Telefon, hält jeder seiner Schüler und Gäste inne und atmet dreimal ruhig ein und aus. Der Atem beruhigt und macht den Augenblick bewusst.

Die folgenden Übungen verstehen sich als Anregung, mit Achtsamkeit im Alltag Erfahrungen zu sammeln.

Übung 1

Wählen Sie eine alltägliche Routineverrichtung, z. B. das Duschen, Essen, Händewaschen, Gemüse schneiden ... und verwandeln Sie sie in eine kleine Achtsamkeitsmeditation, indem Sie Ihre Aufmerksamkeit auf das richten, was Sie gerade tun. Wenn Sie merken, dass Ihre Gedanken zu einem anderen Gegenstand wandern, kehren Sie für zwei bis drei Atemzüge mit der Aufmerksamkeit zum Atem zurück, dann wieder zu dem, was Sie gerade tun. Seien Sie vor allem geduldig, wenn Sie merken, dass Ihre Gedanken immer wieder abschweifen. Der erste Fortschritt besteht darin, die unruhigen Gedanken überhaupt einmal bewusst wahrzunehmen. Wenn Sie am Ball bleiben, werden Sie merken, dass Sie Schritt für Schritt kleine Fortschritte machen.

Übung 2

Lassen Sie die ersten zehn Minuten einer beliebigen Mahlzeit zu einer Achtsamkeitsübung werden. Widerstehen Sie der Versuchung, das Radio nebenher laufen zu lassen oder beim Essen zu lesen. Wenn Sie schweigen, können Sie sich ganz auf das Genießen des Essens konzentrieren. Führen Sie jeden Bissen einzeln zum Mund, und lassen Sie die Gabel ruhen, so lange Sie kauen. Kehren Sie mit Ihrer Aufmerksamkeit, wenn sie abwandert, immer wieder zu dem Geschmack, dem Duft und unverwechselbaren Aroma der Speisen zurück. Lassen Sie sich von der Intensität des Essens überraschen.

Übung 3

Stellen Sie an drei Tagen in der Woche Ihren Wecker früher als üblich. Nehmen Sie sich beim Aufwachen etwas Zeit, diesen Augenblick ganz bewusst wahrzunehmen: Lauschen Sie auf die Morgengeräusche. Beobachten Sie, wie das Licht ins Zimmer kommt. Spüren Sie die Bettdecke und Ihren Körper. Nehmen Sie die Wirklichkeit dieses Augenblickes ganz in Ihre Erfahrung auf. [49]

Übung 4

Besorgen Sie sich einen „Handschmeichler", d. h. einen glatt polierten Stein, ein Stück Holz oder ein Edelstein, der sich gut in Ihrer Hand anfühlt. Er sollte so klein sein, dass sie ihn problemlos immer bei sich tragen können, z. B. in der Hosentasche. Jedes Mal, wenn Sie im Laufe eines Tages den Stein berühren, halten Sie inne. Spüren Sie ganz bewusst den Atem ein- und ausfließen. Nehmen Sie sich selbst, Ihre Umgebung und das, was Sie in diesem Moment tun, wahr. Achten Sie darauf, bei

Ihrem Atem und Ihrer Wahrnehmung zu bleiben, ohne mit den Gedanken abzuschweifen. Dann fahren Sie in Ihrer Tätigkeit fort.

Epilog

Dollgow bei Rheinsberg, Mark Brandenburg, Ende Mai

Johannes Wissmann verbringt seinen Jahresurlaub zusammen mit seiner Frau auf einem Reiterhof in der Nähe des Städtchens Rheinsberg. Fritjof Sommer ist aus Berlin gekommen, um sie für zwei Tage zu besuchen. Auf einem Spaziergang halten Johannes und Fritjof Rückblick. Als sie aus einem Kiefernwald treten, blicken sie über Felder auf den fernen Kirchturm des Nachbardorfes. Links unter ihnen liegt ein kleiner See. Dort nehmen sie auf einer verwitterten Bank Platz.

Johannes: „Wie lange ist es jetzt her, dass wir mit unseren gemeinsamen Wanderungen begonnen haben?"

Fritjof: „Ein gutes Jahr. Mir kommt es fast wie eine Ewigkeit vor." *Nach einer kurzen Pause fährt er fort:* „Ja, unsere Treffen sind bereits wie eine alte Gewohnheit. Ich bin ganz froh darüber."

Johannes: „Ich auch, sehr sogar, aber manchmal frage ich mich, haben wir, habe ich etwas erreicht mit unseren Gesprächen über die Zeit und die Kunst des Verlangsamens?"

Fritjof *(schweigt einen Moment, dann formuliert er vorsichtig):* „Für mich waren unsere Gespräche Anlass zum nachdenken: über meine Arbeit, darüber, wie ich meine Tage gestalte und wie ich die verschiedenen Bereiche meines Lebens, Beruf, Familie usw. ausbalanciere. Eine dauerhafte Lösung, so scheint es mir, gibt es nicht, ich muss immer wieder von neuem schauen, was das Richtige für mich ist. Unsere Wanderungen sind mir dabei eine große Hilfe. Außerdem tut es einfach gut, von Zeit zu Zeit mit dir zu laufen."

Johannes: „Ja, das stimmt! Allerdings bin ich momentan sehr unzufrieden mit mir. Während des ersten halben Jahres nach meiner Schulteroperation habe ich sehr viel verändert, mir für einige Dinge, beruflich wie privat, ganz bewusst Zeit eingeräumt. Es war ein richtiges Erfolgsgefühl. In den letzten zwei Monaten bin ich vollkommen in meine alten Muster zurückgefallen und hatte enormen Stress."

Fritjof: „Wie kam das?"

Johannes: „Tja, irgendwie schleichend. Nach unserer Fastenwoche im März ging es mir fantastisch. Ich war voller Tatendrang. Dann fiel in meiner Firma ein wichtiger Mitarbeiter aus, ich sah kein Problem, seine Aufgaben vorübergehend mit zu übernehmen. Aber irgendwie kam eine Sonderaufgabe nach der anderen, plötzlich merkte ich, dass ich vollkommen in meine alten Gewohnheiten zurückgerutscht bin."

Fritjof: „Ich kenne das Gefühl und verstehe deinen Frust. Warum beginnst du nicht jetzt, das zu ändern, was du ändern möchtest? Der Ärger über das, was in der Vergangenheit schief gegangen ist, ist meist unproduktiv."

Johannes: „Vielleicht sollte ich einfach etwas geduldiger mit mir sein und, wie du sagst, nach vorn blicken."

Fritjof: „Das Zurückfallen in alte Muster ist völlig normal. Wichtig ist, geduldig dranzubleiben und sich nicht entmutigen zu lassen."

Die beiden stehen auf und machen sich auf den Rückweg. Es ist ein sonniger und friedlicher Tag. Nur der Wind in den Bäumen ist zu hören und ein Traktor, der auf einem Getreidefeld seine Runden zieht. Beide hängen ihren Gedanken nach, dann erzählt Fritjof von einem Freund, der, solange er sich erinnern kann, immer über seine zu hohe Arbeitsbelastung klagt.

Fritjof: „Jedes Mal, wenn wir uns treffen, erzählt er mir, wie unzufrieden er ist, wie sein Blutdruck sich verschlechtert hat und was er alles verändern will. Aber er tut es einfach nicht."

Johannes: „Und was rätst du ihm?"

Fritjof: „Manchmal scheint es, als ob Menschen in einer Situation, die ihnen nicht gut tut, geradezu festsitzen. Es mag dafür tief liegende Gründe in ihrer Psyche geben, aus deren Fesseln sie sich nicht einfach selbst befreien können. Ich würde mir in so einer Situation professionelle Hilfe suchen."

Johannes: „Woran denkst du?"

Fritjof: „Es gibt heute alle möglichen Angebote an psychologischer Beratung. Man muss sich nur ein wenig umschauen, um das Richtige für sich finden."

Johannes: „Warum ist das alles so kompliziert? Warum geht es nicht einfacher?"

Fritjof (lacht): „Damit du dich nicht so langweilst. Außerdem neigen wir manchmal dazu, das Leben mit den Augen eines Technikers zu betrachten. Ein Lebensweg lässt sich nicht mit Zirkel und Lineal planen. Es gibt Kurven, Schleifen, Seitenwege und Unvorhersehbares."

Fritjof: „Das Leben als Entdeckungsreise, als Abenteuer?"

Johannes: „Genau! Ich stelle mir manchmal das Leben wie eine Pflanze vor: Sie wächst, treibt Äste, Blätter, Blüten. Es gibt Licht und Schatten, andere Pflanzen, Steine, kurzum eine Umgebung, die auf sie einwirkt. Deshalb wächst sie nicht gerade, sondern entfaltet sich ganz unregelmäßig. Wenn man sie mit einer Maschine vergleicht, ist sie krumm und unregelmäßig. Aber genauer betrachtet, macht das gerade ihre Schönheit und Einmaligkeit aus."

Fritjof: „Ein schönes Bild. Man kann die Pflanze düngen und pflegen."

Johannes: „Und sich daran erfreuen!"

Anmerkungen

1 *Zeitschrift für Organisationsentwicklung*, Nr. 2 (1996), S. 16f.
2 Milan Kundera, *Die Langsamkeit*, Frankfurt/M. 1998, S. 7.
3 Stephen R. Covey, *Der Weg zum Wesentlichen*, Frankfurt/M. 1998, S. 13.
4 Heinrich Böll, *Aufsätze, Kritiken, Reden*. Köln 1967, S. 464f.
5 Übung nach Julia Cameron, *Der Weg des Künstlers*, München 1996, S. 47.
6 Robert Levine, *Eine Landkarte der Zeit*, München 1998, S. 260.
7 Hans Jellouschek, *Mit dem Beruf verheiratet*, Stuttgart 1996, S. 59.
8 John Selby, *Väter*, München 1999, S. 78.
9 Prediger Salomo 3,1.
10 Peter Heintel, *Innehalten*, Freiburg 1999, S. 89f.
11 Antoine de Saint-Exupéry, *Der kleine Prinz*, Düsseldorf 1992, S. 67.
12 *Die Zeit* vom 12.12.1997, S. 8.
13 Johann Wolfgang von Goethe, *Italiänische Reise. Goethes sämmtliche Werke in vierzig Bänden*, Band 23, Stuttgart/Tübingen 1856, S. 49f.
14 Giacomo Casanova, *Geschichte meines Lebens*, zitiert nach Karlheinz A. Geißler, *Zeit– „Verweile doch, du bist so schön"*, Weinheim 1997, S. 18.
15 Übungen nach Diana Hunt/Pam Hait, *Das Tao der Zeit*, Düsseldorf 1992, S. 90f.
16 Theodor Fontane, *Frau Jenny Treibel*, Wiesbaden o.J., S. 82.
17 Clark Blaise, *Die Zähmung der Zeit – Sir Sandford Fleming und die Erfindung der Weltzeit*, Frankfurt/M. 2001, S. 112.
18 Blaise, a.a.O., S. 151.

[19] Bolko v. Oetinger (Hg.), *Das Boston Consulting Group Strategie Buch*, Düsseldorf 1994, S. 530.

[20] Paul Watzlawick, *Menschliche Kommunikation*, Bern 1990, S. 20.

[21] Edward T. Hall, *The Silent Language*, New York 1990, S. 4f.

[22] Lilly Lorenzen, *Of Swedish Ways*, zitiert in Levine, a.a.O., S. 245.

[23] Tony Hillermann, *Das Labyrinth der Geister*, Reinbek 1978, S. 208.

[24] Häuptling Tuiavii, *Der Papalagi*, Zürich 1985, S. 63.

[25] Hall, a.a.O., S. 83 ff.

[26] Tuiavii, a.a.O., S. 64.

[27] Levine, a.a.O., S. 290.

[28] Julius T. Fraser, *Die Zeit*, München 1991, S. 175.

[29] Fraser, a.a.O., S. 181f.

[30] Fraser, a.a.O., S. 145-187.

[31] *Manager Seminare*, Nr. 36 (1999), S. 21.

[32] *FAZ* vom 29.5.2000, S. 33.

[33] *FORUM*, Kundenzeitschrift des Finanzdienstleisters MLP, Nr. 4 (2000), S. 12.

[34] *FAZ* vom 18.9.2000, S. 37.

[35] Edward T. Hall, *The Dance of Life*, New York 1989.

[36] Gay Gaer Luce, zitiert in Ernest L. Rossi, *20 Minuten Pause*. Paderborn 1993, S. 47, 67.

[37] Erika Mann, *Mein Vater, der Zauberer*, Reinbek 1996, S. 30.

[38] *FORUM*, Nr. 2 (1999), S. 15

[39] *Manager Seminare*, Nr. 36 (1999), S. 29f.

[40] Nach einer Idee von W. Hamm und H. D. Brandhoff, „...*endlich Zeit!*", Selbstverlag

[41] A. A. Milne, *Pu der Bär*, Zürich 1980, S. 9.

[42] Stephan Rechtschaffen, *Du hast mehr Zeit, als Du denkst*, München 1998, S. 99.

[43] Alan Watts, *Der Lauf des Wassers*, Frankfurt/ M. 1983, S. 161.

[44] Meister Eckhart, zitiert nach Rupert Lay, *Gelingendes Leben*, München 1996, S. 37.

[45] Lay a.a.O., S. 79.

[46] Thich Nhat Hanh, *Lächle Deinem eigenen Herzen zu. Wege zu einem achtsamen Leben*, Freiburg 1995, S. 47.

[47] Mumonkan Nr. 7, o. O., o. J.

[48] John Selby, *Arbeiten, ohne auszubrennen*, München 1999, S. 29.

[49] nach Diana Hunt/Pam Hait, *Das Tao der Zeit*, Düsseldorf 1992, S. 90.

Zeit für Gelassenheit

Karlheinz A. Geißler
Es muss in diesem Leben mehr als Eile geben
Band 5045
Ein spannendes Buch vom Hasten und Rasten. Das Fazit von
„Europas bekanntestem Zeitforscher" (PM).

Karlheinz A. Geißler
Zeit – verweile doch...
Lebensformen gegen die Hast
Band 4875
„Das Buch für ein menschlicheres Zeitverständnis" (SZ).

Peter Heintel
Innehalten
Gegen die Beschleunigung – für eine andere Zeitkultur
Band 5056
Zeit qualitativ gestalten, einen eigenen Rhythmus gewinnen,
Innehalten, Geduld, Bedächtigkeit, das sind Tugenden der Zukunft.

Rudolf Walter (Hg.)
Lass dir Zeit
Entdeckungen durch Langsamkeit und Ruhe
Band 5178
Ein Buch, das inspiriert, sich der Flüchtigkeit zu widersetzen und
Wege zum Wesentlichen zu suchen.

Gelassenwerden
Herausgegeben von Rudolf Walter
Band 5078
Die innere Gelassenheit wächst, wenn man ihr Raum gibt, wenn es
gelingt, loszulassen, Vertrauen zu gewinnen, das Ganze zu sehen.

HERDER spektrum

Anselm Grün
Herzensruhe
Im Einklang mit sich selber sein
Band 4925
Leistung und äußerlicher Wohlstand allein können nicht bringen,
wonach sich Menschen wirklich sehnen: innere Ruhe und Seelen-
frieden. Der moderne Seelenführer zu einem tieferen Leben.

Johannes Pausch/Gert Böhm
Was der Seele gut tut
Im richtigen Rhythmus leben
Band 5237
Erst wenn körperliche, seelische und spirituelle Ebene im Einklang
sind, fühlen wir uns wirklich wohl. Mit vielen Übungen und
Beispielen.

Angelika Faas
Ballast abwerfen!
Downshifting – damit das Leben leichter wird
Band 5212
Müssen wir wirklich alles tun, was wir tun? Ein Buch für alle,
die unter Zeitknappheit leiden und den Versprechungen des Zeit-
Managements nicht mehr glauben.

Attila Bencsik
Phantasievoll genießen – Lebensfreude im Alltag
Band 5168
Negative Grundmuster in unserem Innern können wir erkennen
und aufheben. Eine praktische „Anleitung zum Glücklichsein".

Dalai Lama
Tag für Tag zur Mitte finden
Lesebuch durch das Jahr
Band 5236
Zweitausendjährige buddhistische Tradition und Lebenserfahrung
des Dalai Lama in inspirierenden Impulsen für Lebensklugheit und
Gelassenheit.

HERDER spektrum